Ort der Sinne
Erweiterungsneubau Tanne

Herausgegeben von der
Tanne, Schweizerische Stiftung für Taubblinde
und Scheibler & Villard Architekten

Birkhäuser
Basel

8–12
Den Neubau erfühlen
Die erste Begehung durch
die Klienten/-innen

18–21
Sinne öffnen,
Dialog ermöglichen
Die Bauherrschaft

22–25
Möglichkeiten entwerfen
Die Architekten

26–29
Vielfältige Lebensfelder
Die Angebote des
Neubaus

34–37
Kontrast statt
Angleichung
Ausdruck und Fassaden

44–47
Hybrid mit Absicht
Rohbau und Konstruktion

56–64
Eine Sprache – viele Dialekte
Materialität und Haptik

84–86
Orientierungsräume
Andreas Fröhlich

88–90
Architektur erahnen
Dorothee Huber

92–105
Pläne
Von der Situation
bis ins Detail

106–111
Anhang

So kann man sich mithilfe verschiedener Sinne im Raum orientieren.

Den Neubau erfühlen

Die erste Begehung durch die Klienten/-innen

Der Februar 2019 hat noch kaum begonnen, die Sonnenstrahlen lassen aber bereits erahnen, dass der Frühling naht. Und mit diesem auch die Eröffnung des Tanne-Neubaus. Noch ist es nicht so weit, doch bereits heute ist ein grosser Tag für ein paar ausgewählte Klientinnen und Klienten der Tanne, «Baustellenbesichtigung» ist angesagt, in Begleitung ihrer Bezugspersonen und eines Kamerateams. Wird ihnen der neue Wohn-, Schul- und Arbeitsort gefallen?

Daniel Räber fährt neugierig mit beiden Händen über die Holzspaliere, er geht mit seinem Gesicht näher an die Fassade, riecht daran und tastet weiter. Er mag Holz, das weiss man in der Tanne, wo der stark hör- und sehbehinderte Daniel Räber seit bald 50 Jahren lebt. Wenn er Dinge auskundschaftet und Neues kennenlernen will, braucht er seine anderen Sinne. Er tastet, er riecht, er fühlt. Voller Freude und in seinem Tempo macht er Bekanntschaft mit der Fassade des Neubaus. Vom Kamerateam, das dabei auf ihn zoomt, lässt er sich nicht aus der Ruhe bringen. Anders als Menschen, die sehen und hören können, interessiert ihn nicht die Farbe der neuen Hausfassade, sondern deren Beschaffenheit, deren Farbgeruch und wie sich dieser mit dem natürlichen Holzduft verbindet. Danach geht er, geführt von seiner Bezugsperson, über die Baustelle. Später, wenn die Handwerker und all die Stolperfallen weg sind, werden sich die Klientinnen und Klienten hier je nach Beeinträchtigung auch selbstständig bewegen können. Daniel Räber ist jetzt in der neuen, noch nicht fertiggestellten Wohngruppenwohnung angekommen. Neben seinem Lieblingsmaterial Holz findet er weitere Dinge, die ihn interessieren: die Küchenschubladen, deren Funktionen er sofort erfahren will.

Mirko Baur, Gesamtleiter der Tanne, freut sich seit Langem auf den heutigen Tag. Das Bauprojekt begleitet ihn seit fünf Jahren. Endlich kann er den Neubau denjenigen präsentieren, die hier leben, arbeiten oder zur Schule gehen. Heute vorerst drei Personen, nach und nach werden sich weitere Menschen aus der Tanne mit der Erweiterung ihres Zuhauses vertraut machen.

Mirko Baur
«Der Neubau ist für uns eine Chance. Denn wir brauchen nicht nur mehr Platz, mit diesem Bau können wir nun endlich die Tanne zu einem Ort machen, der unseren Klientinnen und Klienten entspricht. Und zwar ein Ort der Sinne, ein Ort, wo nicht überall die gleichen kalten Materialien vorherrschen.»

Der Gesamtleiter begleitet die 14-jährige Tabea und deren Lehrerin Nurit Oswald zum Neubau. Die Mittelstufenschülerin darf als Erste den neuen Musikraum kennenlernen. Taubblindheit hat unterschiedliche Ausprägungen, viele Betroffene haben ein Resthör- und/oder Restsehvermögen. Ein Raum, in dem Instrumente nicht nur gehört, sondern deren Schwingungen auch erfühlt werden können, hilft der Entwicklung und dem Wohlbefinden von sinnesbeeinträchtigten Menschen. Tabea, die nicht selbst gehen kann, liegt nun im neuen Musikzimmer auf dem Schwingboden. Ihre Lehrerin entlockt der Gitarre, die ebenso wie die Schülerin am Boden liegt, ein paar Laute. Tabea kann auf diese Weise die Klänge nicht nur hören, sondern mit ihrem ganzen Körper spüren. Für sie, die Kinderlieder liebt und sehr gerne Dinge erfühlt, ist das ein Genuss. Auch wenn Tabea weder sprechen noch gebärden kann, kommuniziert sie trotzdem – mit ihrem Körper.

Nurit Oswald
«Bereits als wir mit dem Wagen im Neubau angekommen sind, war Tabea sehr aufmerksam und interessiert. Als sie auf dem Boden liegen durfte, hat sie sogar gelächelt. Es herrscht eine wunderbare Akustik in diesem Raum, Tabea hat darum auch wunderschön auf die Gitarre reagiert. Die Akustik ist im Neubau allgemein besser, zudem ist sie je nach Standort im Haus unterschiedlich. Darum werden Tabea und die anderen viel besser wahrnehmen

können, in welchem Raum sie sich gerade befinden. Es gibt hier auch Nischen, und Tabea liebt kleine Nischen. Ich freue mich sehr auf den Umzug der Schule!»

Auch Martin wurde ausgewählt, die Baustelle zu besichtigen und sich dabei filmen zu lassen. Dank eines Cochlea-Implantats und einer speziellen Brille kann der 18-Jährige ein wenig hören und sehen. Auch drückt er sich gerne mit Gebärden aus. Er freut sich, dass er dem Kamerateam sein neues Schulzimmer zeigen kann.

Erst geht es aber über die spezielle Betontreppe nach oben. Diese, wie auch die Reliefs an der Wand, vermittelt sinnliche, taktile Eindrücke – und mehr noch, Orientierung in den beiden neuen Gebäuden. Die Architekten, Maya Scheibler und Sylvain Villard, sind gerührt, dass ihre Ideen sofort von den Klientinnen und Klienten erfasst und aufgenommen werden.

Maya Scheibler
«Wir haben versucht, den Neubau vom Altbau zu differenzieren. Die Menschen sollen spüren, ob sie nun in einem der bisherigen Gebäude oder eben im Neubau sind. Auch drinnen setzen wir auf starke Kontraste. So kann man sich mithilfe verschiedener Sinne im Raum orientieren.»

Martin strahlt und platziert symbolisch schon einmal sein Foto im Schulzimmer. Noch sind es ein paar Wochen, bis er hier lernen und drüben im zweiten Gebäude zusammen mit seiner Wohngruppe wohnen wird. Aber sein Urteil ist gefällt. Er gebärdet es.

Martin
«Mir gefällt das neue Haus!»

Noch ist dieses zwar voller Handwerker, voller Staub, voller Werkzeuge und es geht hektisch zu und her. Immer wieder unterbricht die Filmcrew ihre Aufnahmen, weil laut gebohrt wird oder sie den Arbeitern im Wege steht. Und doch, man kann sich schon gut vorstellen, wie das Leben im Tanne-Neubau sein wird, wenn der Alltag einzieht. Wenn der Ort des Bauens zu einem Ort der Sinne wird. Für die Klientinnen und Klienten der Tanne, für die Mitarbeitenden – aber auch für die Dorfbevölkerung. Der Neubau soll denn auch ein Ort der Integration und der Begegnung werden.

Sylvain Villard
«Der Auftrag lautete, einen Ort zu schaffen, wo die Menschen der Tanne für sich sein können und geschützt sind – wo aber auch die Nachbarschaft eingeladen ist, teilzunehmen. Darum haben wir uns für zwei frei stehende Gebäude entschieden, die dazwischen Platz für einen Gehweg bieten. Dieser führt an allen Haupteingängen der Anlage vorbei. Wenn man aufs Gelände kommt, sieht man in den Bewegungsraum im Schulgebäude, danach passiert man die Hauseingänge. Auf dem mittleren Platz wird es ein Café geben für die Menschen von hier, aber auch für die Leute aus dem Dorf, also für die breite Öffentlichkeit.»

Die beiden Neubauten mit ihren schönen Holzfassaden und dem einladenden Weg sollen eine Art offenes Tor darstellen: eine Einladung zur gegenseitigen

Integration, ein Ort der Sinne, wo die Zeit ein anderes Tempo zu haben scheint, aber auch ein Ort, der offen ist für Austausch. Eine integrative Kindertagesstätte wird schon bei den Kleinsten den Austausch fördern und den Kindern im Dorf die Möglichkeit bieten, mit Kindern der Tanne ein Stück Weg gemeinsam zu gehen.

Für Daniel Räber, Martin und Tabea war der heutige Tag ein kleiner Ausflug, für die Architekten und den Gesamtleiter aber ein wichtiger Test. Das Kamerateam baut ab, packt zusammen, und man sieht: Mirko Baur, aber auch Maya Scheibler und Sylvain Villard sind glücklich. Was lange und sorgfältig geplant wurde, ist gelungen: Der Tanne-Neubau wird ein Ort der Sinne, ausgerichtet auf die Bedürfnisse der Klientinnen und Klienten.

Wie ein Baum, stetig und kraftvoll gewachsen

Sinne öffnen, Dialog ermöglichen

Die Bauherrschaft

Die Tanne, die Schweizerische Stiftung für Taubblinde, ist das Kompetenzzentrum für Kinder und Erwachsene mit angeborener Hörsehbehinderung und verwandten Formen mehrfacher (Sinnes-)Behinderung. Eine einzigartige Institution, die seit ihrer Gründung 1970 stetig gewachsen und mittlerweile international bekannt ist.

Sie riecht nach Natur, nach Bergen, vielleicht auch nach Weihnachten – die Tanne. Ihre Rinde fühlt sich grob und gleichzeitig warm und lebendig an. Vielleicht spüre ich etwas klebriges Harz, wenn ich sie ertaste? Ihre Nadeln kitzeln mich, wenn mir jemand mit ihnen über die Haut fährt. Der Wind fährt durch ihre Äste, ich spüre, wie sie mitschwingen. Darüber hinaus schützen mich die ausladenden Äste, wenn es regnet und ich mich unter sie kauere. Und wenn ich will, wärmt mich die Tanne, wenn ich mit ihrem Holz ein Feuer entfache. Die Tanne – auch wer nicht sehen und nicht hören kann, hat einen deutlichen Eindruck dieses Baums.

Wie ein Baum, stetig und kraftvoll gewachsen, ist auch die Institution Tanne. Sie wurde 1970 von der Heilpädagogin Dorothea Goldschmid mit Unterstützung von Prof. Dr. Heinz Herzka und anderen Persönlichkeiten aus der Schweiz gegründet. Bis zu diesem Zeitpunkt gab es in der Schweiz kein spezialisiertes Kompetenzzentrum für Menschen mit angeborener Hörsehbehinderung. 20 Jahre blieb die «Tanne» in Zürich und erlebte dann 1990 ihren ersten grossen Umzug nach Langnau am Albis.

Wenn die Fernsinne «Sehen» und «Hören» fehlen, braucht es andere Methoden, um zu kommunizieren, um lernen zu können und am Leben teilzuhaben. «Sinne öffnen, Dialog ermöglichen», so der Claim der Tanne. Die Institution ermöglicht ihren Klientinnen und Klienten, mithilfe aller verbleibenden Sinne mit der Welt in Kontakt zu treten und individuelle, an den jeweiligen Menschen angepasste Kommunikationsformen zu entwickeln.

Die Klientinnen und Klienten der Tanne gehen in die Kindertagesstätte oder zur Schule. Sie wohnen, sie arbeiten, sie verbringen Freizeit. Genau gleich, wie andere das tun, wenn auch in ihrer eigenen Zeit, auf ihre eigene Weise. Jeder Klient, jede Klientin ist anders, doch alle haben sie Potenzial. Sie werden darum von verschiedenartig ausgebildeten Begleitpersonen unterstützt und gefördert. Für die Tanne ist die Förderung von Wahrnehmung und Kommunikation zentral, denn es braucht den Kontakt mit der Welt und den Dialog mit einem Gegenüber, um sich entwickeln zu können, lernen zu können – und teilhaben zu können am Leben. Um dies zu ermöglichen, bietet die Tanne eine ambulante Früherziehung und ein flexibles Betreuungsangebot für Kleinkinder, interne oder integrative Sonderschulung und bei Bedarf ein Internat für Kinder und Jugendliche, Wohnmöglichkeiten und eine Tagesstätte für Erwachsene sowie die erforderlichen Therapien.

Über die Jahre ist die Tanne nicht nur gewachsen und hat Jahrring an Jahrring zugelegt, starke Wurzeln und schützende Äste erlangt, sie hat sich darüber hinaus eine spezifische Kompetenz in ihrem Fachgebiet erarbeitet und ist inzwischen international nicht nur bekannt, sondern auch bestens vernetzt. Die Tanne ist Mitglied des Managements von «Deafblind International» und arbeitet über Grenzen hinweg in Praxis und Forschung an der Zukunft des Fachgebiets. Dazu investiert sie auch selbst in Forschung und Entwicklung. Auf dass den Klientinnen und Klienten in der Tanne – sei es im Alt- oder im Neubau – die beste Förderung und der Dialog mit der Aussenwelt ermöglicht wird.

Ein Quartier im Dorf Langnau am Albis

Möglichkeiten entwerfen

Die Architekten

«Eine gemeinsame Sprache, viele Dialekte» lautet eine der Vorgaben, die sich Maya Scheibler und Sylvain Villard beim Tanne-Neubau gesetzt haben. Die Architekten, die den Architekturwettbewerb für den Erweiterungsneubau der Tanne gewonnen und dabei die Jury mit ihrem Verständnis für die besonderen Herausforderungen überzeugt haben, sprechen auch sonst eine gemeinsame Sprache in puncto Architektur. Ihr Architekturbüro Scheibler & Villard gründeten sie 2012 in Basel. Der Wettbewerbserfolg brachte den ersten grossen Auftrag, aber auch grosse Herausforderungen.

Maya Scheibler und Sylvain Villard haben nach ihrer Hochbauzeichnerlehre gleichzeitig an der FHNW in Muttenz/Basel Architektur studiert. Zusammen verbrachten sie eines ihrer Studienjahre in Tokyo. Drei Jahre nach ihrem Studienabschluss gründeten sie im Jahr 2012 ihr eigenes Büro in Basel. Neben verschiedenen Umbauprojekten nahmen sie regelmässig an Wettbewerben teil. Kleinere Wettbewerbserfolge in Form von Preisen ermöglichten ihnen bald die Teilnahme an selektiven Verfahren wie dem Projektwettbewerb «Um- und Neubau Tanne» in Langnau am Albis.

Beim Wettbewerb für diesen Neubau waren sie erstmalig nicht nur unter den prämierten, sondern konnten den Bau auch umsetzen – und dabei miterleben, wie die Klientinnen und Klienten in die beiden von ihnen entworfenen Gebäude eingezogen sind. Auf Besuchen in «ihrem Neubau» erleben sie, wie die Kinder in den neuen Schulräumen lernen, wie die Wohngruppen ihren Alltag gestalten, wie in der Wäscherei emsiger Betrieb herrscht oder wie die Menschen dem Café Leben einhauchen. Sie sehen, dass ihr Entwurf funktioniert, und freuen sich darüber, wie ihre Ideen im Alltag genutzt werden.

Es ist immer wieder ein schöner, aber auch banger Moment im Leben von Architekten, wenn die Bauphase abgeschlossen ist und ein Gebäude zu leben beginnt. Finden Funktion und Form, also Architektur, so zusammen, wie man sich das gewünscht hat? Bis ein Bau wie der Neubau der Tanne steht, braucht es viel Leidenschaft, viel Kompetenz vonseiten der Architekten, aber auch einen Sinn für guten, konstruktiven und vertrauensvollen

Dialog mit der Bauherrschaft – und die Fähigkeit, sich in die Rolle der Auftraggeberin und vor allem auch der Nutzer hineinzudenken.

Gerade bei einem Bau, der so viele spezielle Anforderungen und Herausforderungen mit sich bringt, sind Fähigkeiten wie Empathie und eine gemeinsame Sprache zentral. Die Aufgabe, einen Ort für Menschen mit gänzlich anderen Wahrnehmungsmöglichkeiten zu entwerfen, stellt jeden Architekten vor Fragen, auf die es jeweils nicht die eine richtige Antwort gibt – umso wichtiger, dass man als Architekt Möglichkeiten entwirft. Als der erste Jurybericht vorlag und noch ein weiteres Architekturbüro, welches am Wettbewerb teilgenommen hatte, ihren Entwurf überarbeiten musste, war für Maya Scheibler und Sylvain Villard klar, dass sie sich von ihrer ersten Idee lösen mussten. Der erste Entwurf enthielt zwar bereits zwei Flügel, aber eben nur ein Gebäude.

Es gab auch schon einen Schulweg, aber die beiden merkten, dass dieser noch zu wenig konsequent gedacht war. Was folgte, war ein mutiger Schritt: zwei getrennte Gebäude für Wohnen bzw. für die Schule und das Arbeiten – ein Überarbeitungsschritt, der schliesslich auch die Bauherrschaft überzeugte.

Aus ihrem Entwurf ist mittlerweile ein Ort der Sinne geworden, ein spezielles Quartier im Dorf Langnau am Albis. Nicht nur der Sieg im Wettbewerb, sondern auch der Umzug in den Neubau war ein bedeutender und prägender Moment für die Architekten.

Regen- oder Sonnenschein sind elementare Erlebnisse.

Vielfältige Lebensfelder

Die Angebote des Neubaus

Die Schweizerische Stiftung für Taubblinde hat 2015 einen Studienauftrag und Wettbewerb zur Erweiterung des bestehenden Kompetenzzentrums Tanne in Langnau am Albis ausgeschrieben. Zentrale Anforderung war die Berücksichtigung und Bildung verschiedener Lebensfelder. Das siegreiche Projekt «Farfalla» von Scheibler & Villard hat in diesen Anforderungen Potenzial erkannt und die Aufgabe intelligent gelöst.

Die Anlage funktioniert wie ein Quartier, in dem es verschiedene private und öffentliche Nutzungen gibt. Neben den zwei Wohngebäuden gibt es eine integrative Kindertagesstätte, ein Schulgebäude mit einem öffentlich zugänglichen Café, eine Wäscherei und ein Verwaltungsgebäude mit den Ateliers für das Arbeiten in der Tagesstätte. Die Gebäude sind jeweils von einer Hauptnutzung geprägt und man bewegt sich zwischen den Gebäuden im Aussenraum. Die Aussenräume werden somit zu Begegnungszonen und das Quartier Tanne zu einem belebten Ort. Im Zentrum der Anlage liegt der Schulhof.

Von da aus erreicht man die Zugänge zu allen Gebäuden. Zwischen den Gebäuden bleiben Bezüge zur Umgebung erhalten. Trotz der durchlässigen Situation bietet der Schulhof die nötige Geborgenheit und Privatsphäre.

Es galt also, viele verschiedene Anforderungen zu erfüllen. Die Orientierung wurde früh im Entstehungsprozess zu einem zentralen Thema, um das sich viele andere Fragen drehten. Grundlegend für die Platzierung der Nutzungen und für die städtebauliche Setzung war die Erkenntnis, dass für die Klientinnen und Klienten die Tanne ein Ort ist, der alle Lebensfelder beinhaltet. So sind heute alle Gebäude geprägt von jeweils einem Lebensfeld und bilden dieses auch ab.

Scheibler & Villard
«Und: Die Menschen gehen über den Aussenraum von einem Haus ins andere, ihr Weg ist nicht überdacht und der Witterung ausgesetzt. Auch wenn das betrieblich bedeutet, dass man mehrere Eingänge hat, die man jeweils schliessen muss, dass es mehr zu reinigen gibt oder mehr Betreuung notwendig ist, so ist das für die Klientinnen und Klienten ein grosser Gewinn. Einen Schul- oder Arbeitsweg im Freien zurückzulegen, durch Regen oder Sonnenschein, ist ein elementares Erlebnis, das zu einer ganzheitlichen Erfahrung in der uns umgebenden Welt beiträgt. Es ist sinnesanregend – und das steht im Vordergrund. Diese Erkenntnis war einer der Schlüsselmomente im Entwurfsprozess.»

Auch die Positionierung der beiden Neubauten und die dadurch entstehenden Zwischenräume sind entscheidend. Die Gebäude sind so gesetzt, dass sie eine öffnende und einladende Geste in Richtung Dorf machen. Bei der Umgebungsgestaltung hat man darauf geachtet, dass an der Alten Dorfstrasse keine klassische Einfriedung – also keine Hecke – vorhanden ist und ein öffentlicher Weg direkt durch das Areal führt.

Der Tanne-Neubau bietet also einen Ort, einen Weg und ein entsprechendes Angebot auf der Erdgeschossebene, das man auf dem Weg passiert. Die neue Tanne sagt somit klar: «Alle sind bei uns willkommen.»

Nicht unwichtig für die Lebensfelder und die Integration der Dorfbevölkerung ist das denkmalgeschützte Gebäude an der Alten Dorfstrasse 1, das als Auflage dazugekauft werden musste.

Mirko Baur
«Das Gebäude an der Alten Dorfstrasse 1 ist geschützt und kann nicht abgerissen oder beliebig verändert werden. Solche Vorgaben können auch

zum Problem werden, mittlerweile aber wissen wir, das zusätzliche Gebäude passt bestens ins Tanne-Dorf! Die Alte Dorfstrasse 1 beherbergt heute den Tanne-Laden und das neue Schulungszentrum. Als alte Post von Langnau am Albis war dieses Gebäude früher bereits ein Ort der Kommunikation. Das Gebäude steht zwar etwas abseits, es wird jedoch durch die durchdachte Aussengestaltung bestens integriert. Es ist erschlossen mit Wegen, die zu den Neu- und Bestandsbauten führen. Durch die optimale Lösung mit der Garageneinfahrt hat die Alte Dorfstrasse 1 nun neu eine grosszügige Terrasse mit Pergola erhalten – ein lauschiger Aussenraum, der das Potenzial hat, eine neue oder weitere Begegnungszone im Tanne-Dorf zu sein.»

Die Renovation der Alten Dorfstrasse 1 fiel umfassender aus, als ursprünglich angedacht. Das Gebäude wurde 1835 an der Alten Dorfstrasse 1 als Wohnhaus errichtet. Es markiert den Auftakt der Strasse und ist somit ein wichtiger Zeuge für das Ortsbild, für die Siedlungsentwicklung und als ehemalige Poststelle auch sozialgeschichtlich bedeutend. Das Gebäude ist darum auch als Schutzobjekt von kommunaler Bedeutung deklariert.

Durch die vielen Umbauten in den vergangenen Jahren wurde das Gebäude teilweise stark verändert und hat viel seiner ursprünglichen Qualität eingebüsst, es wurde schlecht unterhalten und musste umfassend saniert werden. Durch die grosse Renovation hat das Gebäude jedoch seine über die Jahrzehnte verschwundene Würde zurückerhalten und wurde zum würdevollen – und einzigen – Schulungsort für Taubblindenpädagogik in der Schweiz. Und die Tanne hat mit diesem Gebäude an prominenter und gut sichtbarer Lage einen – historischen und aktuellen – Anknüpfpunkt zum Dorf gewonnen.

33

Kontrast statt Angleichung

Ausdruck und Fassaden

Ein Gebäude, das auf einer leeren Fläche entsteht, kann sich entfalten, wie immer es will – oder wie immer Architekten und Bauherrschaft es wollen. Der Neubau der Tanne aber musste sich einfügen, einerseits in die bestehenden Bauten des Kompetenzzentrums für Hörsehbehinderung und andererseits ins Ortsbild von Langnau am Albis. Soll der Neubau sich anpassen, mit dem bestehenden Gebäude verschmelzen, möglichst nicht als Fremdkörper wahrgenommen werden?
Oder soll er im Gegenteil gar einen Kontrast schaffen und so die bestehende Ausstrahlung des Tanne-Dorfs verändern? Je nachdem, wie diese Fragen geklärt werden, entsteht eine ganz andere Aussenwahrnehmung der Tanne.

Wäre es nicht naheliegender gewesen, die bestehenden charakteristischen Bauten mit einem ähnlichen Bau zu erweitern, statt nun Gebäude mit Holzfassaden zu errichten?

Mirko Baur
Die Backsteingebäude der Tanne sind typische Bauten aus den 1980er-Jahren, sie wirken zwar sehr eigenständig, aber auch kühl und hart. Die Ausstrahlung der bestehenden Tanne-Bauten hat nichts damit gemein, wie wir arbeiten. In der Taubblindenpädagogik setzt man auf Resonanz zwischen Klientin oder Klient und Betreuungsperson. Es geht bei unserer Arbeit immer um Interaktion, Beziehung, Begegnung – dafür braucht es Emotion und Empathie. Unsere Arbeit hat etwas «Weiches», das soll sich auch in den Neubauten spiegeln, sie sollen sich abgrenzen von den eher harten und kühlen bestehenden Gebäuden.

Scheibler & Villard
Die Frage ist etwas irreführend, denn sie suggeriert, dass sich etwas besser einfügt, wenn es gleich ist wie sein Nachbar. Aber wenn ein Ort heterogen – also vielfältig – ist, dann fügt sich ein weiteres und wiederum andersartiges Element möglicherweise besser ins Gesamtbild ein. Hätte man den Neubau mit einem weiteren Sichtbacksteinbau ergänzt, dann hätte das zu einer Art «Verklumpung» geführt und das ganze Tanne-Areal hätte sich von der Nachbarschaft abgelöst, anstatt mit ihr zu verschmelzen.

Die Neubauten sollten sich also in jedem Fall von den bestehenden Gebäuden unterscheiden. Mit einem klaren Materialkontrast gelang das am besten. Die Häuser in Holz zu verkleiden war darum vor allem eine architektonisch-konzeptionelle Entscheidung. Holz hat eine ganz andere haptische Qualität als die Backsteinwände des Bestands. Die Nähe zum Stiftungsnamen Tanne ist da eher ein Zufall.

Die Lebensfelder der Klientinnen und Klienten sind zentral bei diesem Bau – auch deren Kontrastierbarkeit?

Scheibler & Villard
Dass die unterschiedlichen Lebensfelder wie Wohnen, Schule, Arbeiten, Freizeit usw. auch unterschiedliche Orte mit unterschiedlichen Bedingungen sind, also mit Kontrasten, ist essenziell – nicht nur in Bezug auf die Orientierung, sondern auch in Bezug auf den

Erfahrungsreichtum und damit auf eine ganzheitliche Lebenserfahrung. Wäre alles gleich, dann wäre es zu viel davon und zugleich zu wenig von allem Anderen. Kontraste tragen auch zu Ausgewogenheit bei.

Diese Gedanken haben mitgespielt, als wir die Fassaden der Neubauten entwickelten. Eine Annäherung an den bestehenden Komplex wollten wir vermeiden, da es sonst mehr Anstalt als ein Dorf – oder eben ein Ort der Sinne – geworden wäre. Der Ort besteht heute aus einem heterogenen Gefüge verschiedener kleiner Ensembles und Solisten. Die Neubauten mit ihren feingliedrigen Holzfassaden sind sich untereinander ähnlich und bilden ein kleines Ensemble, ganz ähnlich wie die beiden Backsteinbauten im Hintergrund oder die verputzten Wohnhauszeilen oberhalb der Tanne. Das denkmalgeschützte Gebäude an der Alten Dorfstrasse 1 im Vordergrund nimmt Bezug auf die Heterogenität der gewachsenen Dorfstruktur.

Und wie spielen Kontrast und Angleichung bei diesem Bau zusammen? Und warum?

Scheibler & Villard
Für die Klientinnen und Klienten der Tanne wäre eine zu grosse Angleichung fatal. Ohne Kontraste oder mit nur wenigen Kontrasten wäre die Welt für sie nur sehr schwer wahrnehmbar. Darum steht eine kontrastreiche Umgebung absolut im Vordergrund. Das bedeutet nicht, dass wir nicht auch nach einer Ausgewogenheit suchen sollten. Es gibt verschiedene Kontraste und auch die kann man bewusst einsetzen. Ob Material-Kontrast, Farbton-Kontrast, Hell-Dunkel-Kontrast, Temperatur-Kontrast oder Schwingungs-Kontrast – alle haben Potenziale für sich allein oder in Kombination.

Beim alten Gebäude gibt es Balkone, die mit Netzen gesichert sind. Es fällt auf, dass dies im Neubau anders gelöst ist.

Scheibler & Villard
Die in den Ecken angeordneten «Sommerzimmer» mit den spalierartigen offenen Wänden sind ungewohnte Elemente, die zwar Teil des Gebäudekörpers sind, aber gleichwohl an Gartenlauben erinnern. Sie gefallen uns besonders gut.

Mirko Baur
Die Balkone in den bestehenden Gebäuden können von den Klientinnen und Klienten sehr selbstbestimmt genutzt werden, da sie mit

Netzen gesichert sind. Für sehende Menschen wirken diese wie Katzennetze oder Tiergehege. Weiter wirken die Netze appliziert, nicht zum ursprünglichen Bau zugehörig. Auch wenn die Netze von Beginn an vorhanden waren.

Auch beim Neubau sollte es Aussenräume im Haus geben, aber wir haben im Dialog mit den Architekten eine bessere Lösung gesucht. Sie hatten viele Ideen, die wir dann aus heilpädagogischer Sicht beurteilt und weiterentwickelt haben. Diese «Sommerzimmer» im Haus 2 sind sehr wichtig, da findet Freizeit statt. Sie sind eine typische klientenorientierte Entwicklung, die mit «innen» und «aussen» spielt. Durch das offene Rautenspalier hindurch ist das Wetter spürbar, es ist so etwas wie ein Aussen-Innenraum. «Sommerzimmer» ist darum eigentlich der falsche Begriff. Es ist ein Aussenzimmer, das man auch im Winter nutzen kann, was bei einem Balkon, der viel stärker exponiert ist, nur beschränkt möglich ist.

Ein Knackpunkt war aber die Garageneinfahrt?

<u>Scheibler & Villard</u>
Aufgrund der Höhendifferenz innerhalb des Grundstücks war es am sinnvollsten, die Einfahrt an den niedrigsten Punkt zu legen. Damit liegt die Einfahrt aber sehr prominent direkt neben dem denkmalgeschützten Haus, das den Auftakt zum Areal markiert. Unsere Lösung war ein kleines Bauwerk, das stark im Zusammenhang mit diesem denkmalgeschützten Haus gelesen werden sollte. So ist eine Terrasse mit Pergola entstanden, die auf einem Sockel steht und mit dem alten Gebäude ein Ensemble bildet. Der Sockel ist die eigentliche Einfahrt in die Garage, was aber in der Wahrnehmung eine sehr untergeordnete Rolle spielt. Die Terrasse mit Pergola liegt ausgesprochen günstig, sodass sie noch die letzten Strahlen der Abendsonne einfängt. Das Resultat ist nicht ein altes Haus, das von einer Einfahrt bedrängt wird, sondern vielmehr ein denkmalgeschütztes Haus, das mit einer fast mediterranen Terrasse ergänzt wurde.

Hybrid mit Absicht

Rohbau und Konstruktion

Ein Gebäude ist nicht nur einfach ein Konstrukt, das man über seine Erscheinung, seine Gestalt wahrnimmt. Erfahren kann man ein Gebäude über alle Sinne: Wie fühlen sich die Wände an, wie riecht das Haus, wie klingt das Haus, was spüre ich atmosphärisch, wenn ich mich darin bewege? Nehme ich Unterschiedliches über meine Sinne wahr, je nachdem, wo ich mich im Haus befinde? Der Tanne-Neubau soll ein Ort sein, an dem die Sinne eine wichtige Rolle spielen. Das Konzept der Konstruktion und die Wahl der Materialisierung wurden in gegenseitiger Abhängigkeit und vom Wunsch nach einem sinnesanregenden Erleben klar mitbestimmt.

Welche Anforderungen und Wünsche hatte die Tanne an den Neubau?

<u>Mirko Baur</u>
Wir haben mit dem Neubau eine neue Sinnlichkeit gesucht. Die bestehenden Tanne-Gebäude sind unverkennbar im 1980er-Stil gehalten – von der Optik her, aber auch von der Haptik. Die dort verwendeten Materialien wirken kühl, ebenso die Inneneinrichtung: Vieles ist weiss und blau – oder dann aus kühlem Chromstahl. In einem Kontext, in dem es um Nähe und um taktile Erfahrungen geht, ist das geradezu absurd. Bisher waren aber für unsere Klientinnen und Klienten auch die Akustik, die Lichtverhältnisse sowie die Kontraste im Gebäudeinneren nicht optimal.

Was die grundsätzliche Situation betrifft, haben wir uns etwas gewünscht, was dem Trutzburg-Charakter der bestehenden Tanne-Gebäude entgegenwirkt – von der Alten Dorfstrasse her, entlang der ehemaligen Rampe, war eine Art «Burgzinnen» ersichtlich, eine optisch schroffe Abweisung. Das wollten wir korrigieren. Wir möchten uns zum Dorf hin öffnen und uns noch stärker ins Quartierleben integrieren. Der Neubau hat uns die Chance geboten, dies auch baulich zu realisieren. Am liebsten hätten wir gleich ein kleines Dorf gebaut, dafür reichte der vorhandene Platz aber nicht aus. Dass es nun doch zwei Gebäude wurden und nicht nur eines, entspricht uns sehr.

Der Neubau wurde «absichtlich» als Hybrid konzipiert. Was bedeutet das?

<u>Scheibler & Villard</u>
Normalerweise entscheidet man sich bei der Konstruktion eher für ein homogenes Konzept, das in sich eine Durchgängigkeit hat – also zum Beispiel ein Tragwerk in Beton oder eben ein reiner Holzbau. Das hat verschiedene Gründe, je nach Aufgabe. Wir haben uns aber bewusst dafür entschieden, ein hybrides Tragwerk zu wählen. Es gibt also einen Teil, der massiv in Beton konstruiert ist, und einen Teil, der als Holzbau gefertigt ist. Das sind zwei grundlegend verschiedene Baustoffe mit grundlegend verschiedenen Eigenschaften. Beton ist starr und schwer, während ein Holzbau eher elastisch und leicht ist. Diese grundsätzlichen Eigenschaften haben wir bewusst und mit Absicht eingesetzt. Sowohl die mittig liegenden Erschliessungskerne als auch die Böden und Decken der darum liegenden Korridor- und Wohnräume sind aus Beton. Die entlang der Fassaden angesiedelte Schicht mit den Zimmern ist als kompletter Holzbau konstruiert. Bereits das unterschiedliche Schwingungs-

verhalten der Rohbaukonstruktion gibt einem Hinweise, in welchem Bereich man sich gerade befindet. Auch wenn das nur einen untergeordneten und kleinen Unterschied ausmacht, so nimmt man diesen unbewusst wahr.

Mirko Baur
Holz war bei uns von Beginn an sehr willkommen. Es ist ein sinnliches Material, das unsere Klientinnen und Klienten anspricht. Das wussten wir bereits durch den provisorischen Schulhauspavillon, den wir eine Zeit lang hier aufgestellt hatten. Holzbauten können sehr sinnlich erfahren und erkundigt werden: taktil, mit den Händen und mit dem Körper, aber auch mit der Nase oder der Zunge. Die Idee zum Hybridbau kam dann von den Architekten. Sie hat uns aber auch aus heilpädagogischer Sicht sofort überzeugt, weil diese Bauweise eine klare räumliche Orientierung und Differenzierung möglich macht. Beton riecht anders als Holz, man erlebt mit dem ganzen Körper den Unterschied, wenn man vom Betonkern zur Aussenschicht aus Holz gelangt. Man kann den Wechsel aber auch über Nase, Augen oder Mundraum wahrnehmen.

Nach dem Umzug können wir sagen, die neuen Wohn- und Lebensräume haben eine beruhigende Wirkung auf die Klientinnen und Klienten. Sie haben eine riesige Veränderung in ihrem Schul- und Wohnleben erfahren und sie sind dabei trotzdem sehr ruhig geblieben. Das ist unter anderem deswegen, weil der Hybridbau ihnen viel an Orientierung und sinnlicher Erfahrung bietet.

Habt ihr das Thema Hybrid noch weitergedacht?

Scheibler & Villard
Die spätere Materialisierung der Wände sollte die konstruktive Grundsatzentscheidung konsequent weiterführen, sodass auch haptisch erfahren werden kann, wo man sich befindet. Das hybride Prinzip hat uns ausserdem auch in anderen Projekten inspiriert. Die Wahrnehmung der Schwingung ist für normale Wohnhäuser genauso identitätsstiftend und bereichernd, wie es die sehr spezifisch ausgerichteten Neubauten der Tanne sind.

Es war sicher ein spezieller Moment auch für euch, als die ersten Klientinnen und Klienten eine Begehung im Gebäude machen konnten.

Scheibler & Villard
Es war sehr interessant zu sehen, dass die unterschiedlichen Materialien und Oberflächenbehandlungen tatsächlich sehr unterschied-

liche Reaktionen ausgelöst haben. Mal war etwas uninteressant, etwas anderes hat hingegen Neugierde geweckt und wurde erforscht. Einige Oberflächen haben auch ein Lachen oder Freude ausgelöst. Als eine Klientin über den Schwingboden im Musikzimmer die Musik der Gitarre empfing, waren alle ganz still und es herrschte eine besondere Stimmung. Die Begehung hat uns Mut gemacht, dass die Gedanken, die wir uns zusammen mit der Bauherrschaft gemacht haben, auch tatsächlich funktionieren werden und sich unsere Thesen bestätigen.

Mittlerweile sind die Klientinnen und Klienten eingezogen.

Mirko Baur
Ja, inzwischen ist der Neubau mit seinen beiden Gebäuden ein lebendiger Ort der Sinne geworden. Wir haben die Räume, die beiden Häuser, voll in Besitz genommen. Die Leute sitzen im Café, die Kinder sind in den Schulzimmern und lernen unter guten räumlichen Bedingungen, die vielen Nischen, die die Gebäude bieten, werden genutzt, die Wäscherei läuft, die Wohngruppen sind bezogen: Die Tanne lebt – und wir haben grosse Freude, dass vieles genauso funktioniert wie geplant. Es ist für unsere Klientinnen und Klienten ein wunderbarer Ort der Sinne geworden!

Scheibler & Villard
Wir wünschten uns, dass der Ort gut angenommen wird und dass die Menschen, die dort wohnen, arbeiten oder ihn besuchen, sich wohlfühlen. Es wäre schön, wenn es auch ein Ort ist, an dem Erinnerungen entstehen. Denn wenn Erinnerungen entstehen, können Lernprozesse zu Erfolgen führen – und die Tanne wird somit zu einem Erinnerungsort. Das wäre ein Zeichen dafür, dass die Sinne angesprochen worden sind, weil man sich an eine Oberfläche, einen Geruch oder eine Lichtstimmung erinnert. Das braucht natürlich Zeit.

Eine Sprache – viele Dialekte

Materialität und Haptik

Mit der Welt in Kontakt treten, Dialog ermöglichen – das ist eines der zentralen Anliegen der Tanne in der Förderung ihrer Klientinnen und Klienten. Eine passende Umgebung, die eine klare Sprache spricht und Orientierung vermittelt, hilft den Menschen, die in der Tanne leben, lernen und arbeiten. Für den Bau bedeutet das, ein passendes Material- und Farbkonzept zu finden, oder anders gesagt, eine Tanne-eigene Sprache zu finden. Eine Sprache mit einprägsamem Vokabular, eine Sprache, deren Dialekte Optik, Haptik und Geruch heissen, und eine Sprache, die diesen Dialekten Rechnung trägt, ohne dass Vielfalt zur Beliebigkeit wird.

Wie nehmen eure Klientinnen und Klienten die Welt wahr und welche Rolle spielen dabei Kontraste?

Mirko Baur
Die Wahrnehmungsmöglichkeiten unserer Klientinnen und Klienten sind äusserst heterogen. Einige können weder sehen noch hören, andere sehen ein wenig, hören aber nichts oder umgekehrt, und nochmals andere haben lediglich visuelle und auditive Einschränkungen. Was die anderen Sinne betrifft, haben unsere Klientinnen und Klienten teilweise Einschränkungen, aber vor allem auch Vorlieben, welche Sinne sie am liebsten verwenden.

Da die Wahrnehmungswelten und -möglichkeiten hier in der Tanne sehr heterogen sind, ist es umso wichtiger, mit klaren Kontrasten zu arbeiten – und zwar in möglichst allen Sinnesvarianten, insbesondere in der taktilen Wahrnehmung. Wie auch immer die Fernsinne funktionieren, taktile Möglichkeiten haben alle – mit Unterschieden zwar, aber sie sind bei allen vorhanden. Taktile Kontraste können die Klientinnen und Klienten erfassen. Solche Kontraste bietet der Neubau.

Wir haben auch auf Helligkeitsunterschiede gesetzt, weniger auf Farbunterschiede. Helligkeitsunterschiede können auch von Personen mit visuellen Einschränkungen noch wahrgenommen werden, während Farbunterschiede viel weniger stark erkennbar sind. Ein gutes Beispiel ist die Treppenzone. Mit Helligkeitsunterschieden versuchten wir zwischen Stufenkante und Stufen zu differenzieren. Ausserdem bildet auch das Aufmerksamkeitsfeld unmittelbar vor den Stufen einen Kontrast und es gibt Kontraste zwischen Wand und Boden. Das ist sehr gut gelungen, die Kontraste sind klar und deutlich erkennbar und wirken trotzdem nicht aufgesetzt.

Auch im auditiven Bereich gibt es Kontraste. Im Schulzimmer haben wir eine sehr trockene Akustik, die kaum nachhallt – das muss so sein, weil hier Sprache und Töne von grosser Bedeutung sind. Sie müssen verständlich sein und verarbeitet werden können. Das Café hingegen hat eine viel weichere Akustik. Auch wer nicht gut hört, merkt, dass er nun nicht mehr in einem Schulzimmer ist, dass es hier wie in einem öffentlichen Raum klingt. Im Café gibt es denn – geplant – deutlich mehr Hall.

Ein anderer Kontrast, der im Laufe der Bautätigkeit sehr wichtig wurde, ist der Kontrast der Stockwerke – erkennbar und zu ertasten an pro Stockwerk unterschiedlichen, in den Beton eingegossenen Wandreliefs. Auch über Düfte können Eindrücke wahrgenommen werden. In einem Haus ist die Wäscherei, im anderen die Küche. Das vermittelt pro Haus unterschiedliche Eindrücke über die Nase.

«Sinne öffnen, Dialog ermöglichen» ist euer Claim. Hilft der Neubau zusätzlich, diesen umzusetzen?

Mirko Baur
Dieser Claim bildet der Kern der Taubblindenpädagogik ab. Es geht dabei immer darum, einen Kontakt herzustellen zur Welt und zum Gegenüber. Dazu braucht es alle Möglichkeiten der Wahrnehmung. Wir versuchen, diese bei unseren Klientinnen und Klienten zu entdecken und danach gezielt zu fördern und zu reizen. So können wir einen Kontakt herstellen und zusammen mit dem Klienten oder der Klientin eine Kommunikationsform, eine angepasste Sprache möglich machen – wie auch immer diese sich gestalten wird. Wir können jedoch lediglich Angebote machen. Diese führen dann vielleicht dazu, dass ein Dialog entsteht. Vielleicht ist es erst nur ein Spiel und später kristallisiert sich daraus eine Kommunikationsform, eine individuelle Sprache heraus.

Die Neubauten und auch die Alte Dorfstrasse 1 unterstützen zweifellos die Umsetzung dieses Claims. Zusammen mit dem Aussenraum ist eine sehr sinnesanregende Gesamtanlage entstanden, die mit deutlichen Kontrasten und Unterschieden arbeitet und die differenzierte Lebensfelder anbietet. Durch die Unterschiede und Kontraste wird der Dialog unterstützt, man kann sich besser über Dinge austauschen, die sich voneinander deutlich abheben. Man kann beispielsweise Vorlieben für gewisse Räume oder ein Gebäude entwickeln und das beispielsweise mitteilen, oder man kann in den Dialog treten, weil man sich in der neuen Anlage verliert. Die Veränderung durch die neuen Gebäude allein bietet schon sehr viel Kommunikationsstoff.

Aber nicht nur die Gebäude, auch der Aussenraum lädt zum Dialog ein. Wir haben beispielsweise ein grosses Aussenxylofon, das sehr zentral auf unserem «Dorfplatz» steht. Dieses Instrument wird zweifellos viele Klientinnen und Klienten – aber auch Gäste – animieren, Erfahrungen mit ihm zu machen. Und es lädt ein, diese sinnlichen Erfahrungen auch gemeinsam zu erleben. Als Gast kann man so über das gemeinsame Xylofonspiel sehr einfach mit einem Klient oder einer Klientin in Kontakt und spielerischen Dialog treten.

Sind die Klientinnen und Klienten der Tanne heterogener in ihren Möglichkeiten als in anderen Institutionen?

Mirko Baur
Hörsehbehinderung ist eine Spektrum-Störung. Es gibt ganz viele verschiedene Ausprägungen von Taubblindheit und somit ganze

Welten zwischen den verschiedenen Klientinnen und Klienten. Ich denke, in jeder Institution sind die Menschen sehr individuell in ihren Wünschen, in ihren Möglichkeiten oder auch in ihren Ängsten. Aber bei uns zeigt sich die Verschiedenheit auch in sehr individuellen, sehr verschiedenen und auch fremden Wahrnehmungswelten. Wahrnehmungswelten, die wir uns als sehende und hörende Menschen gar nicht wirklich vorstellen können. Wir können uns zwar unsere Hör- und Sehsinne wegdenken, aber wir wissen nicht, wie es ist, wenn man so geboren wird und eine ganz andere Kommunikationswelt entwickeln muss als wir.

Ist es schwieriger, einen Bau für die Tanne zu machen, als für eine andere Institution?

Scheibler & Villard
Eine der grossen Herausforderungen beim Material- und Farbkonzept lag darin, dass die Gebäude von Personen mit unterschiedlichsten Hör- und Sehfähigkeiten und unterschiedlichsten physischen Möglichkeiten bewohnt und belebt werden. Das Spektrum reicht vom Personal mit normaler Hör- und Sehkraft bis hin zu Klientinnen und Klienten, die vollständig taub, blind und mehrfach körperlich behindert sind.

Die Orientierung innerhalb der Gebäude war ein wesentlicher Parameter für die Wahl der Materialien und die Art der Gestaltung. Wichtig ist, dass möglichst viele verschiedene Sinne angesprochen werden können, um so möglichst allen Personen Anhaltspunkte zur Orientierung zu bieten. Die optisch wahrnehmbaren Gestaltungsmittel reichen dabei nicht aus. Begriffe wie Haptik, Materialität und Geruch erhalten in diesem Zusammenhang eine ganz neue Bedeutung.

Wurden auch Anforderungen der Mitarbeitenden beim Neubau berücksichtigt?

Mirko Baur
Die Mitarbeitenden haben durchaus Anforderungen, und auch die wurden berücksichtigt. Schliesslich sind unsere Mitarbeitenden wichtige Personen im Leben der Klientinnen und Klienten. Sie müssen sich bei der Arbeit wohlfühlen.

Eine Anforderung ist zum Beispiel, in der Nacht sicher von einem Gebäude ins andere zu kommen, oder auch vom Regen geschützt von A nach B zu gelangen. Die Bedürfnisse der Klientinnen und Klienten standen bei der Planung aber im Zentrum. Wir wollten den Neubau auf ihre Bedürfnisse und ihre Lebenswelten ausrichten. Aber: Vieles, was auf taubblinde Menschen zugeschnitten ist, bietet auch den Mitarbeitenden ein gutes Arbeitsklima. Die akustische Beruhigung, die der Neubau gegenüber dem Altbau bietet, ist auch für uns sehr angenehm. Auch die nicht blendende Lichtführung ist für Mitarbeitende sehr stimmig. Und schliesslich ist der schöne Aussenraum für alle einfach grossartig.

Ein wichtiges Thema waren die Dienstzimmer. Das sind Zimmer in der Wohngruppe, in denen wir ungestört arbeiten können, unsere Sachen und die Technik lagern. Diese Dienstzimmer sind nicht gross geworden, aber sehr gelungen – und sie laden ein zum Dialog, auch weil sie zwischen zwei Wohngruppen angesiedelt sind.

Wie habt ihr zu einer Tanne-eigenen Sprache mit ihren verschiedenen Dialekten gefunden?

Scheibler & Villard
Die Kommunikation zwischen den Mitarbeitenden und den Klientinnen und Klienten findet in der Tanne ja auf ganz verschiedene Arten statt, je nach Möglichkeiten. Die Tanne hat sogar eine eigene Gebärdensprache entwickelt, eine Mischung aus Gebärden und haptischen Komponenten. Es gibt nicht eine einzige Form, mit den Klienten zu kommunizieren, sondern viele verschiedene und oft auch kombinierte. Es hat sich sozusagen eine eigene Sprache mit vielen Dialekten entwickelt.

Die Formulierung «Eine Sprache – viele Dialekte» hat uns dann geholfen, ein adäquates Material- und Farbkonzept zu erarbeiten. Um ein Haus zu verstehen, muss man es auch lesen können – die Sprache des Hauses. Es gibt sozusagen eine Grammatik, die vorgibt, wie man was sagt oder eben wie man etwas anzeigt. Wenn man dieses Konzept verstanden hat, dann lernt man, die Sprache zu lesen. So haben wir zusammen mit der Bauherrschaft den grundsätzlichen Umgang mit Hell-Dunkel-Kontrasten, Material-Kontrasten oder mit haptischen Informationen definiert. Je nach Ort wird dann etwas stärker akzentuiert, ähnlich wie bei einem Dialekt.

Die Signaletik war schon bei den bestehenden Gebäuden ein wichtiges Thema – und erprobt. Konnte man diese übernehmen beim Neubau?

Mirko Baur
Bisher hatten wir eine Kombination aus Schwarzschrift, Brailleschrift, Piktogramm und Bezugsobjekten. Das sind ertastbare Gegenstände, die einen Raum symbolisch anzeigen. Es gab also bereits Elemente, aber es gab keine ästhetisch ansprechende Gesamtpräsentation der vorhandenen Elemente – und auch fehlte eine durchdachte einheitliche und systematische Signaletik für Gebäude, Stockwerke und die einzelnen Räume.

Das alles haben wir nun eingeführt. Die neue Signaletik ist im Austausch mit der Signaletikplanerin, den Architekten und der Tanne entstanden. Sie ist funktional, ästhetisch und entspricht den Wahrnehmungsanforderungen nicht nur von Klientinnen und Klienten, sondern auch von Gästen und Mitarbeitenden. In den unterirdischen Gängen konnte man sich vorher gut verirren, das ist jetzt nicht mehr der Fall.

Die neue Signaletik der Tanne zu planen war demzufolge eine Herausforderung?

Scheibler & Villard
Was man normalerweise mit einem einfachen Schild und einem Text oder Symbol erledigt hat, ist in diesem Fall hier bei Weitem nicht ausreichend. Darum haben wir spezielle Schilder entwickelt, die neben einer Textzeile auch eine Braille-Zeile, ein Symbol bzw. Bild und einen greifbaren Gegenstand enthalten können. Das führte natürlich zu einem Platzproblem, das zu bewältigen war – und natürlich war es auch eine gestalterische Herausforderung. Das Resultat war eine Reihe von Produkten, die wir speziell für dieses Projekt entwickeln mussten.

Das Gebäude ist nun mit Leben gefüllt – wie funktioniert die Orientierung?

Mirko Baur
Die Klientinnen und Klienten reagieren mit einer grossen Ruhe auf die neuen Innen- und Aussenräume. Dass das so ist, hat mit dem gelungenen Bau, der Landschaftsarchitektur und der Signaletik zu tun. Natürlich wurden die Klientinnen und Klienten auch spezifisch begleitet und sehr gut auf den Umzug vorbereitet. Dazu haben wir uns im Vorfeld ja viele Gedanken gemacht. Aber schliesslich denke ich schon, dass die Gebäude einen grossen Anteil haben an dieser Ruhe. Die Neubauten sind durch ihre systematische Sinnlichkeit sehr orientierungsstark. Diese Sinnlichkeit wirkt nicht aufgesetzt.

Die Gebäude haben eine natürliche, sinnliche Sprache – oder besser, sinnliche Sprachen. Es sind aber nicht 30 ganz verschiedene Bausprachen, sondern alles Dialekte – sinnliche Dialekte, vielfältig, aber nicht beliebig!

Was hat zum Gelingen beigetragen, wie habt ihr euch dem Thema angenähert?

Scheibler & Villard
Der offene und konstruktive Dialog mit der Bauherrschaft war der Weg zum Ziel. Wir konnten uns zwar über ein paar einfache Begriffe und eine Auswahl von Fachliteratur dem Thema nähern. Aber diese Literatur ist immer sehr spezifisch für ein Thema und es besteht die Gefahr, sich darin zu verlieren. Die Bauherrschaft hat ein grosses Fachwissen und viel Praxiserfahrung, sodass sie uns die wichtigen Dinge in einer für uns leicht verständlichen Sprache vermitteln konnte.

Normen und Richtlinien stellen immer Lösungsansätze vor, die zum Beispiel mit Primärfarben oder Signalfarben arbeiten und oft einfach applizierte Elemente und Farben sind, die auf bestehende Bauteile aufgetragen werden, um eine ungenügende Situation zu verbessern. Oder sie wirken zumindest so.

Unser Ziel war es aber, die primäre Orientierung baulich zu gewährleisten, das heisst mit architektonischen Mitteln. Viele der Anforderungen kann man mit normalen architektonischen Entscheidungen lösen. Wenn man dem Hell-Dunkel-Kontrast genügend Aufmerksamkeit schenkt, dann schafft man bereits eine sehr gute Grundlage für die Lesbarkeit von Räumen. Es ist also wichtig, dass zwei benachbarte Elemente unterschiedlich hell sind. Eine dunkle Türe auf hellem Grund oder helle Sanitärapparate auf dunklen Wänden beispielsweise.

Die Haptik kann in dieser primären Wahrnehmung von Raum eine sehr wichtige Rolle einnehmen. Das Potenzial, das in diesem Thema steckt, wird generell unterschätzt und auch nicht so bewusst eingesetzt, wie man das könnte. Es gibt unzählige Adjektive, um haptisch erfahrbare Oberflächen-Texturen oder Formen zu beschreiben. Das sollte man bewusster einsetzen, auch für andere Aufgaben. Wir sind heute viel zu stark auf die visuelle Wahrnehmung konditioniert und vergessen das Potenzial der Haptik. Als uns bewusst wurde, dass der Tastsinn für Menschen mit Hörsehbehinderung essenziell ist, hat uns sofort interessiert und inspiriert, wie wir das architektonisch einsetzen können.

Grundsätzlich kann man auf jeden unserer Sinne so eingehen. Die Akustik ist da ebenfalls speziell hervorzuheben. Der Rückhall hat einen grossen Einfluss auf die Wahrnehmung eines Raumes. Das kann und sollte man bewusst einsetzen, denn es unterstützt die Orientierung.

Wie sind die Tanne-Sprache und ihre Dialekte ins Orientierungskonzept eingeflossen?

<u>Scheibler & Villard</u>
Das primäre Konstruktionskonzept (Rohbau, Hybrid) soll auch die primäre Orientierung gewährleisten. Da spielt der Schwingungskontrast zwischen der starren Betonkonstruktion und der schwingenden Holzkonstruktion eine Rolle. Das daraus abgeleitete Materialkonzept mit all seinen Nuancen ist die nächsttiefere Orientierungsebene.

Wir haben versucht, die materialimmanenten Potenziale der jeweiligen Bauteile auszunutzen. Beton ist zum Beispiel ein Material, das in eine Schalung gegossen wird und fast beliebige Formen annehmen kann. Man kann also Reliefs ausbilden, die ertastet werden können. Das Fugenbild von Plattenbelägen ist auch gut ertastbar. Wir haben die Geschosse leicht unterschiedlich behandelt. Das auffälligste Element ist das Relief entlang des Betonkerns, das sich pro Geschoss unterscheidet. Im Untergeschoss gibt es kein Relief, im Erdgeschoss ein Rautenmuster, im ersten Obergeschoss eine vertikale und im zweiten Obergeschoss eine horizontale Struktur. So kann man unterscheiden, wo man sich befindet. Das Thema haben wir in der Ausrichtung der Plattenbeläge übernommen, sodass jedes Geschoss seine Identität entwickelt.

Beim Farbkonzept gibt es das übergeordnete Thema der Farbfamilie pro Haus und dann die gleichen Kontrastregeln innerhalb der Häuser. Wir haben also die gleiche Sprache verwendet, aber unterschiedliche Akzente.

Wird die Tanne-Sprache mit ihren Dialekten auch von Gästen verstanden?

<u>Scheibler & Villard</u>
Ziel war, einen Ort zu schaffen, der eigentlich ganz normal ist und von allen angenommen wird. Natürlich muss der Ort für die Klientinnen und Klienten unterstützend sein, aber es soll ein Ort sein, an dem man auch gerne arbeitet oder durch den man gerne schlendert. Wir haben nach einer Architektursprache gesucht, die alle ansprechen soll. Und die hilft, den Neubau zu einem sinnesanregenden Ort für alle zu machen.

Wie sinnlich war es für euch, einen Ort der Sinne zu kreieren?

Scheibler & Villard
Wir haben sehr viel über Taubblindheit gelernt. Wir wurden über unsere Arbeit an dieses Thema herangeführt. Insbesondere haben wir viel gelernt über die Menschen, die in der Tanne leben und arbeiten. Um ihre Bedürfnisse zu erfüllen, mussten wir versuchen, uns in sie hineinzuversetzen. Die Bauherrschaft hat uns auf diesem Weg gut geführt und begleitet. Wir haben dabei eine für uns ganz neue Welt entdeckt.

Dass alle Sinne für die Wahrnehmung von Räumen wichtig sind, war uns grundsätzlich bewusst. Mit diesem Projekt haben wir aber gelernt, bewusst und gezielt damit zu arbeiten und darauf einzugehen. Jede gestalterische Entscheidung wurde in dieser Hinsicht geprüft und viele Dinge wurden so gewählt, dass gezielt jeweils ein Sinn angesprochen wird. Das hat eine besondere Bedeutung, weil die Möglichkeiten der Klientinnen und Klienten sehr unterschiedlich sind und darum möglichst viele verschiedene Sinne angesprochen werden sollen. Das ist nicht nur eine Hilfe für Menschen mit Hörsehbehinderung, sondern für alle Menschen eine Bereicherung. Man erhält so eine neue Erfahrung von Raum ganz allgemein. Räume, die die Sinne anregen, sind Räume, die – unbewusst womöglich – uns mehr berühren.

Durch dieses Projekt ist uns mittlerweile viel bewusster, dass wir nicht nur mit den Augen sehen, sondern auch mit den Händen, mit den Ohren, mit der Nase und mit unserem ganzen Wesen.

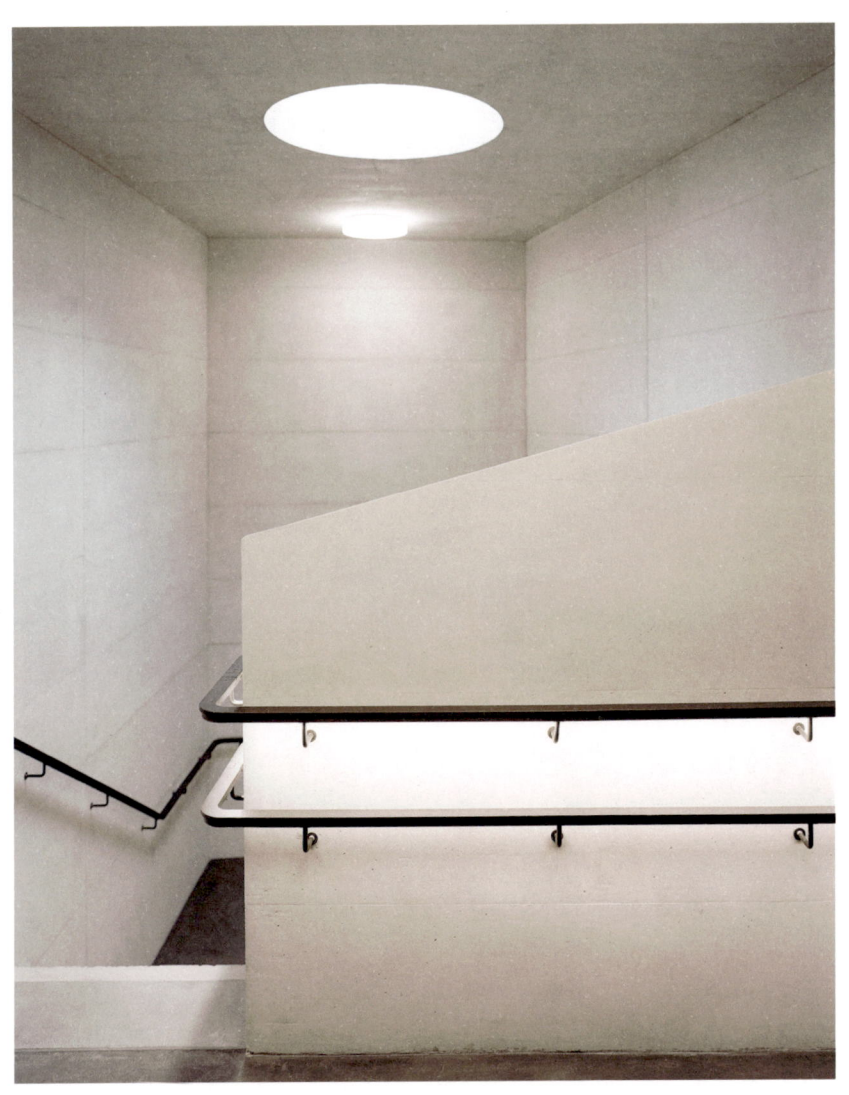

Orientierungs-
räume

Andreas Fröhlich

Wenn ich durch einen Raum gehe, dann habe ich ein Ziel ins Auge gefasst, eine Tür, einen Sessel oder draussen vielleicht ein Haus oder auch mein Auto auf dem Parkplatz. Ich höre meine Schritte oder merke, dass sie übertönt werden vom Lärm um mich herum. Meine Sinne begleiten meine Bewegungen, lenken und kontrollieren sie. Bin ich in Ruhe, sitze ich auf jenem Sessel, dann umgibt mich Raum. Ich spüre die Nähe der hellen Fenster, habe den Boden sicher unter meinen Füssen, der Geruch von Kaffee dringt in meine Nase und ich höre leise Musik – so könnte es sein.

Wenn mein Sehen und mein Hören mir kaum verwertbare Informationen liefern, dann fehlt mir manches an Orientierung. Ich muss mit weniger und weniger klarer Information zurechtkommen. Das kann schwierig sein, in jedem Fall ist es anstrengend und mit Unsicherheit behaftet.

Menschen, die die Tanne besuchen oder dort leben, müssen sich ihre Orientierungsräume oft mühsam erarbeiten, viele von ihnen können die sensorisch-funktionellen Einschränkungen nicht einfach kompensieren, sie haben oft zusätzlich auch kognitive Schwierigkeiten. Die Räume, die sie in ihrem Alltag zum Leben und Lernen, zum Arbeiten und Schlafen benötigen, müssen ihnen bei der Bewältigung der ständigen Orientierung helfen. Solche Räume habe ich bei meinem Besuch im Neubau der Tanne kennengelernt.

Beim Eintreten in einen grossen, fast leeren Raum erwartete ich jenen typischen Hall, den Schritte dann meist verursachen. Nein, es bleibt angenehm, ohne dass man ein dumpfes Hörgefühl hat. Unser Gespräch bleibt gut zu verstehen, wird von nichts überlagert. Und auch die Augen fühlen sich wohl. Das Licht in den Räumen der Tanne blendet nicht plötzlich auf an diesem Regentag, sondern es geht langsam auf, als hätte sich gerade eine Wolke verzogen. Intelligente Technik, die wohltut.

Ich gehe durch Flure, deren Wände, wie zu erwarten ist, charakteristische Strukturen aufweisen, die ich ertasten kann, auf jeder Etage anders, gut zuzuordnen, schnell wiedererkennbar. Und gleichzeitig ästhetisch einbezogen, nicht aufgesetzt, bunt oder «hilfsmittelartig».

In Wohngruppen beggenen mir Menschen, die sich um den grossen Tisch in ihrer Küche gesetzt haben, leise köchelt etwas auf dem Herd, verströmt einen leichten Geruch. Eine sensorische Unterstützung der Orientierung: Es gibt bald zu essen.

Sommerzimmer gibt es, eine Art Balkon, tief ins Gebäude eingezogen mit grossen Fenstern, aber auch mit schlicht gestalteten Holzgittern, die den Wind fast ungehindert durch den Raum blasen lassen, ein bisschen Regenfeuchtigkeit ist mit dabei. Ein Raum, halb drinnen, halb draussen – da könnte man gut alleine sein wollen – oder vielleicht auch zu zweit – ganz still auf dem Boden liegen und das Wetter spüren.

Ich darf in private Zimmer eintreten, in Therapieräume, Badezimmer und Toiletten. Alle Räume sind ruhig, optisch ruhig, akustisch ruhig, ruhig in ihren baulichen und gestalterischen Strukturen. Sie sind die fast perfekte Hülle, um darin zu sein, sie sind dezenter Hintergrund für menschliche Aktivitäten unter erschwerten Bedingungen.

Das ist kein Normbau, da sind Details bedacht, viele sehr spezielle Ideen umgesetzt. «Mehrfache Behinderung» wird in diesem Umfeld zur massgeblichen Grösse, das heisst, die Gebäude richten sich nach diesen Menschen mit ihren besonderen Bedürfnissen. Und die anderen können sich darin, als Gäste oder Mitarbeitende, ebenso wohlfühlen. Auch eine Art von Inklusion.

Architektur
erahnen

Dorothee Huber

Die Menschen, die mit ihren Behinderungen in der Tanne ein und aus gehen, die hier lernen und leben, sie erfahren ihre erste und unentbehrliche Unterstützung durch Lehrerschaft und Betreuerteam. Sie alle zusammen hinwiederum leben und arbeiten in einem Rahmen, der als Architektur den Alltag bestimmt, formt und prägt.

Architektur als dienende Disziplin geht aus von einem umfassenden Verständnis dessen, was die Bewohnerschaft von einem Haus erwartet. Je vielfältiger und widersprüchlicher ihre Wünsche und Ansprüche sind, desto höher sind die Anforderungen an die planenden Architekten. Diesen muss es gelingen, die Wünsche umfassend zu begreifen, sie zu ordnen, zu gewichten und – darin liegt dann die ganz besondere architektonische Kunst – sie zu übertragen in ein Bauwerk, das nicht nur hier und heute keine Wünsche offenlässt, sondern auch Bestand hat und sich veränderten Verhältnissen anpassen kann. Langlebigkeit ist dann nicht nur eine technische, eine ökologische, eine ökonomische und eine therapeutische, sondern auch eine kulturelle Angelegenheit.

Die beiden Neubauten der Tanne ergänzen eine Gruppe von Bauten aus den 1980er-Jahren und bilden mit dieser ein kleines Dorf, einen Weiler vielleicht eher, mit Gassen, Plätzen, Gartenräumen und darin, ein kleiner Höhepunkt, eine Pergola an der Schnittstelle vom Dorf zur Tanne. Hier bewegen sich die Klientinnen und Klienten auf ihrem Weg von auswärts hinein in die begleitete Lebensform, sie bewegen sich von Haus zu Haus im Laufe des Tages und sie werden lernen, sich hier zu orientieren. Sie werden vielleicht Licht und Schatten, einen Luftzug, die Nähe einer wärmenden Hauswand, die Geräusche und die Gerüche der Küche oder des Cafés mit den ihnen gegebenen Möglichkeiten wahrnehmen und ihren Weg finden, vom Äusseren ins Innere. Und auch hier werden sie sich heimisch machen, die Geschosse und ihre jeweiligen Angebote zu unterscheiden lernen, ihren Klassen- oder Therapieraum aufsuchen und so Vertrauen gewinnen zu ihrer neuen Schul- und Wohnumgebung.

Licht und Schatten, Wärme, Kälte, frische Luft, eine raue Wand oder ein Muster, das sich tasten lässt, der Geruch von Holz, von Stein oder den Pflanzen im Garten – das sind Stoffe, aus denen Architektur auch gemacht ist und mit denen Architektinnen und Architekten gleichwohl nicht zwingend täglichen Umgang pflegen. Diese weichen

Faktoren fachlich in den Griff zu bekommen und ihnen architektonische Gestalt zu geben, sich nicht von ihnen beherrschen und überwältigen zu lassen, darin hat die besondere Aufgabe von Maya Scheibler und Sylvain Villard bestanden. Es war ihnen von Anbeginn an bewusst, dass allein mit der haarscharfen Analyse der Nutzungsansprüche für die Architektur noch gar nichts gewonnen ist. Ein noch so tiefes Verständnis auch der kleinsten technischen oder räumlichen Anforderung des Programms hilft wenig, wenn aus der Lösung von unendlich vielen kleinen und grossen Problemen ein Bauwerk entstehen soll, das sich selber ist, das andere anspricht und das jene Selbstverständlichkeit erlangen kann, die ihm einen guten Platz in der Gesellschaft der anderen Bauten rundherum sichert. Die Tanne soll nicht ein Sonderfall sein, ebenso wenig wie ihre Klientinnen und Klienten als besondere Fälle behandelt werden wollen. Und so ist die Tanne ein Haus für eine Gemeinschaft, ähnlich wie eine Schule, eine Jugendherberge oder ein Mehrgenerationenhaus.

Die Sorgfalt, mit der Maya Scheibler und Sylvain Villard im engen Austausch mit den verantwortlichen Betreibern der Tanne ans Werk gingen, ist bemerkenswert. Nicht allein, dass die Anlage einladend wirkt, die einzelnen Angebote ihren sinnvollen Ort gefunden und die technischen Einzelheiten bewältigt sind, die Architektur des Hauses als Ganzes, das mehr ist als die Summe seiner Teile, erreicht eine gestalterische Qualität, die der Institution Tanne gut zu Gesicht steht und allen, die hier ihre Sorgen und Freuden teilen und Zuversicht schöpfen wollen, einen ansprechenden, freundlichen Ort bietet.

Situationsplan

Dachaufsicht

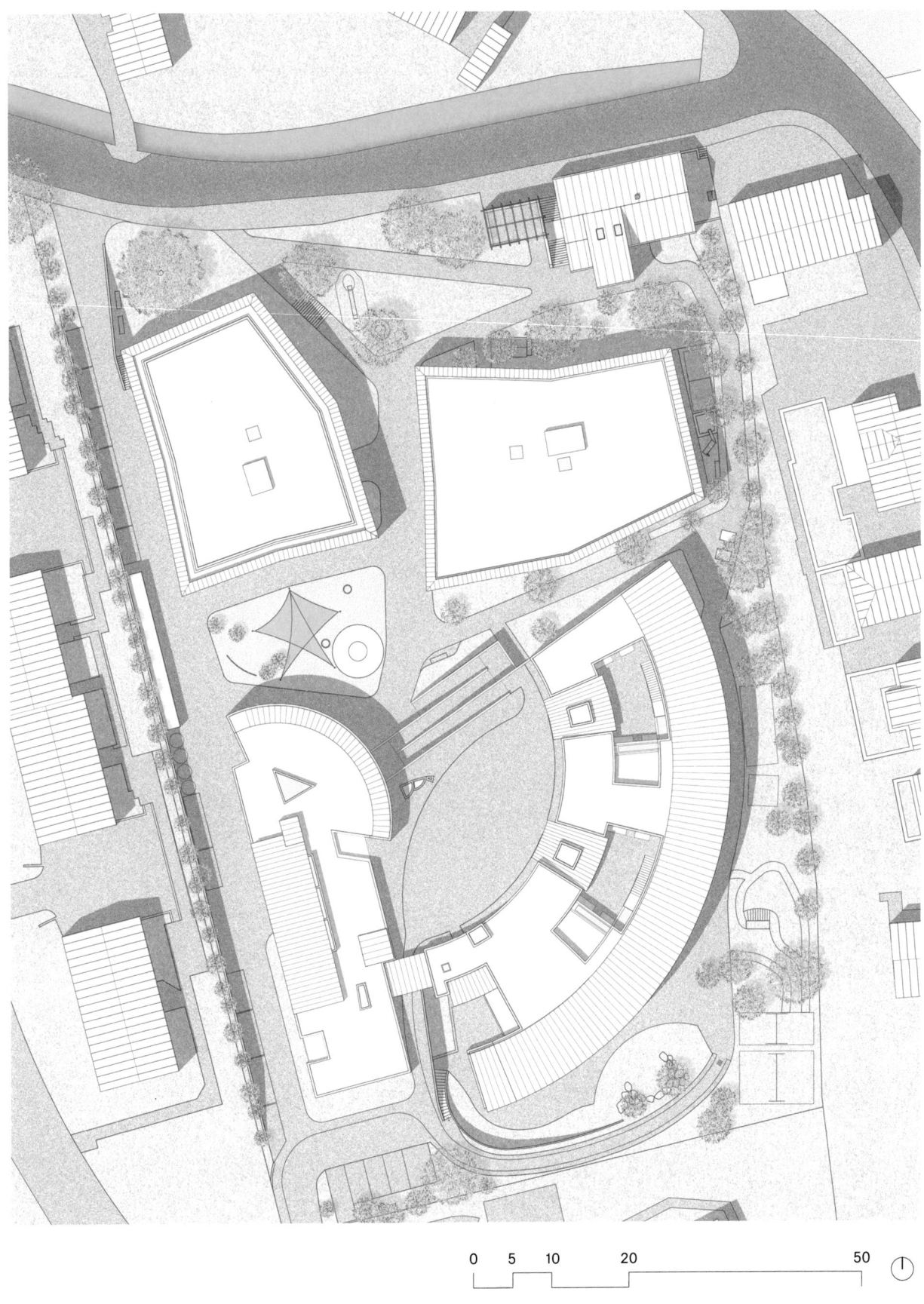

Geschoss A

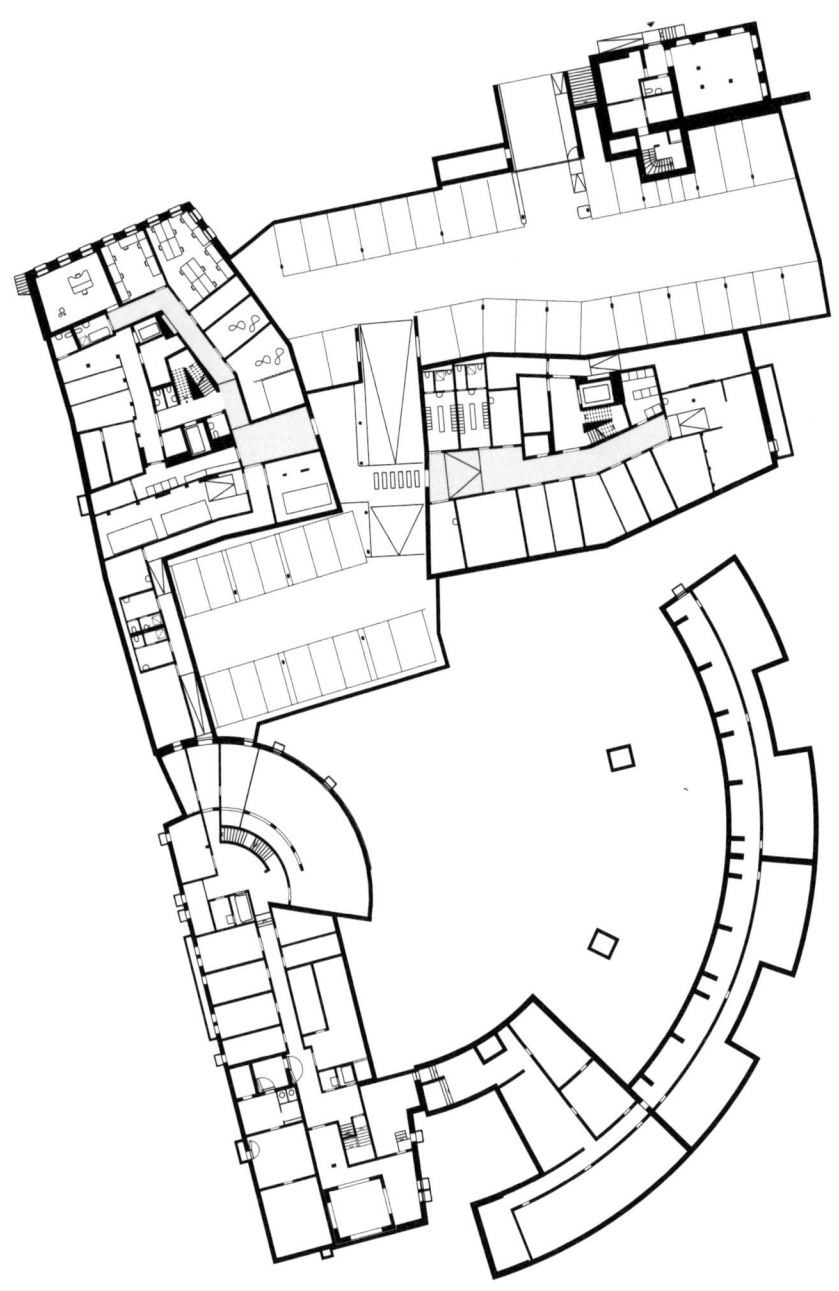

Geschoss B

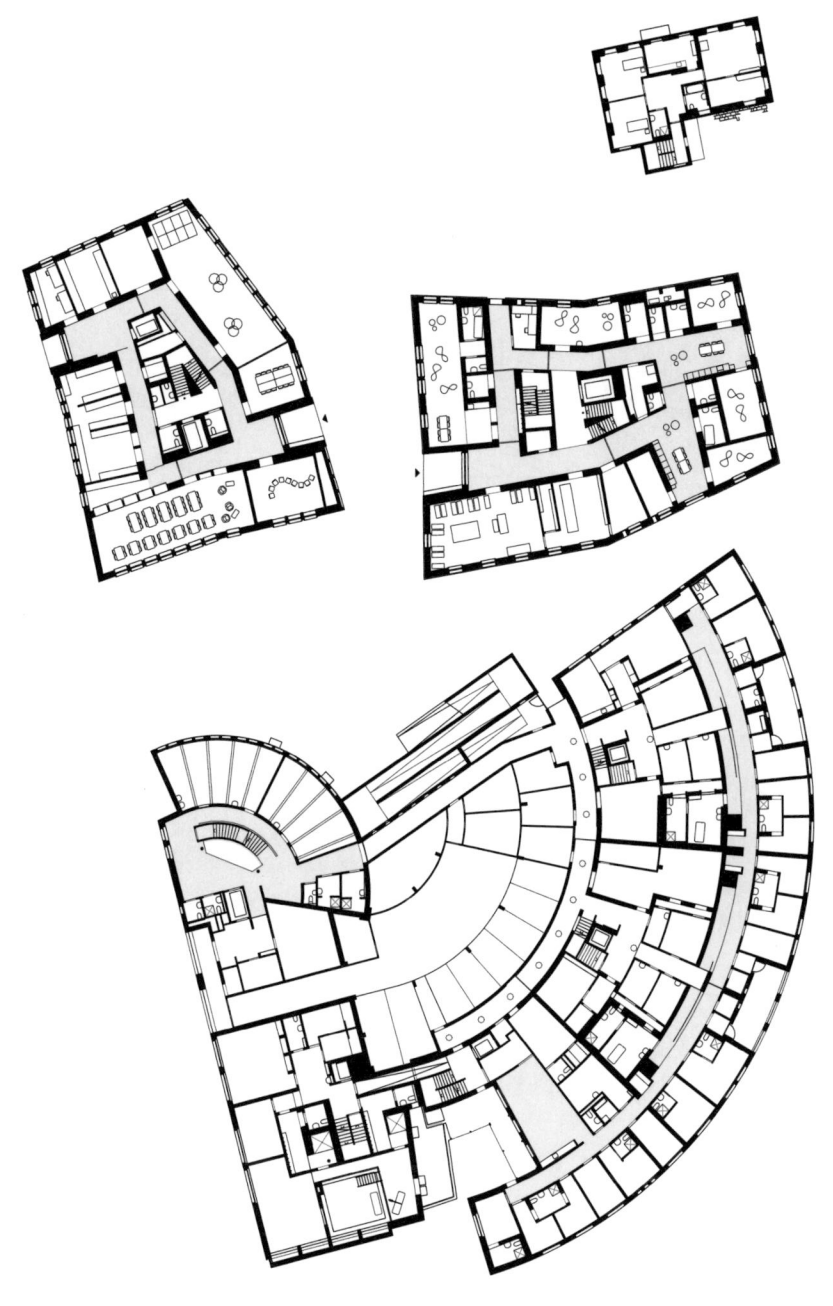

Geschoss C

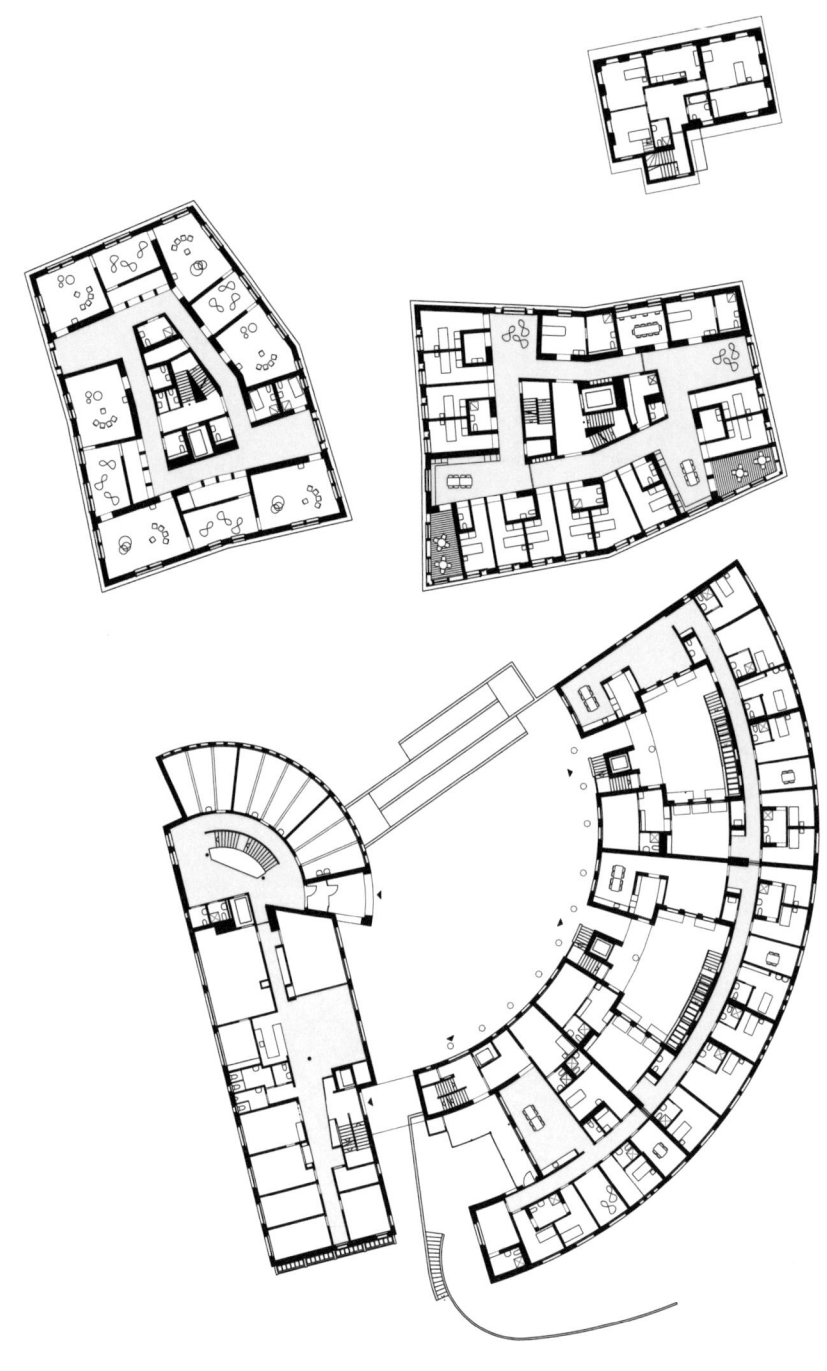

Geschoss D

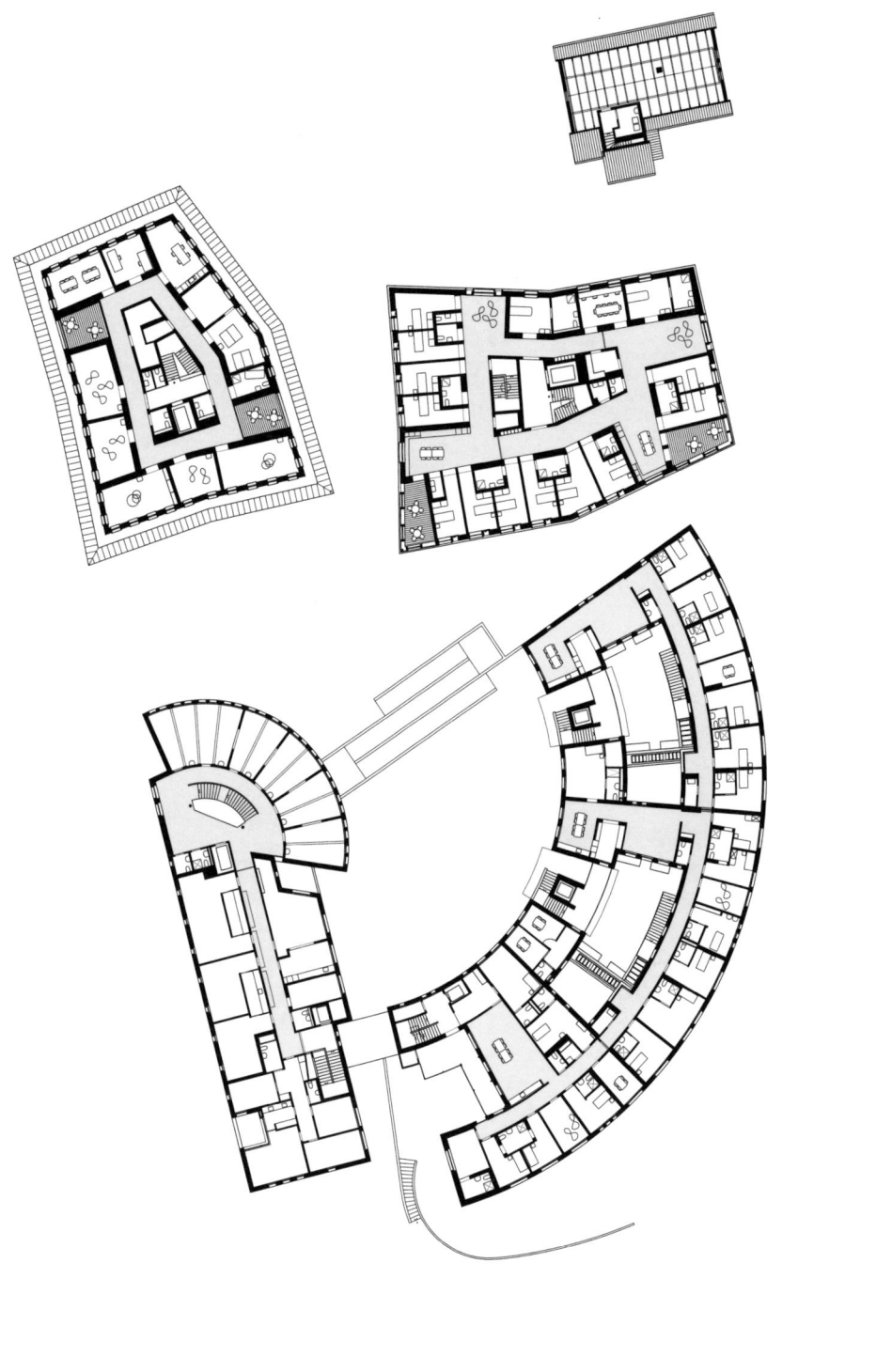

Längsschnitt

Querschnitt

Ansicht Süd

Ansicht Nord

Geschoss C

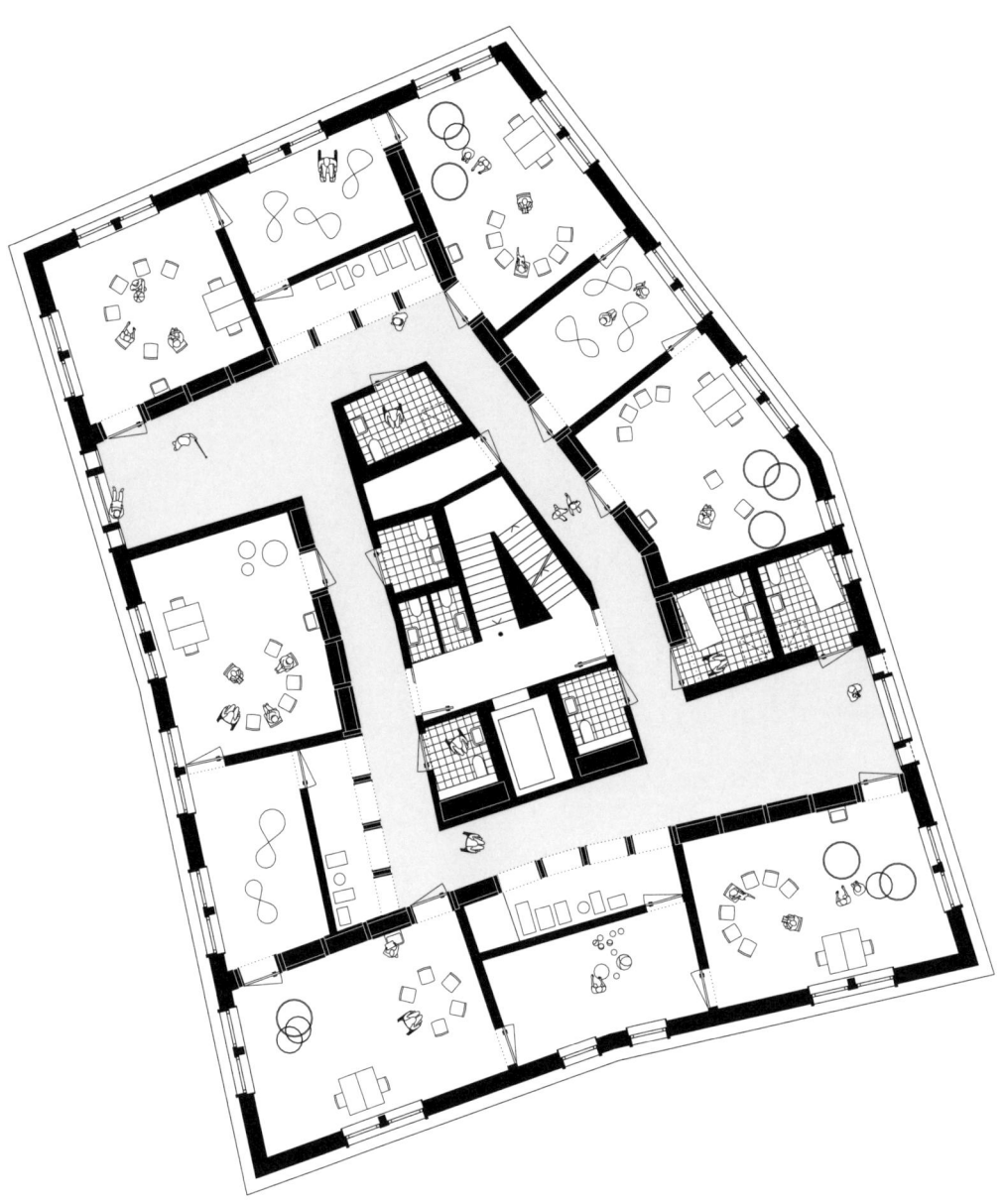

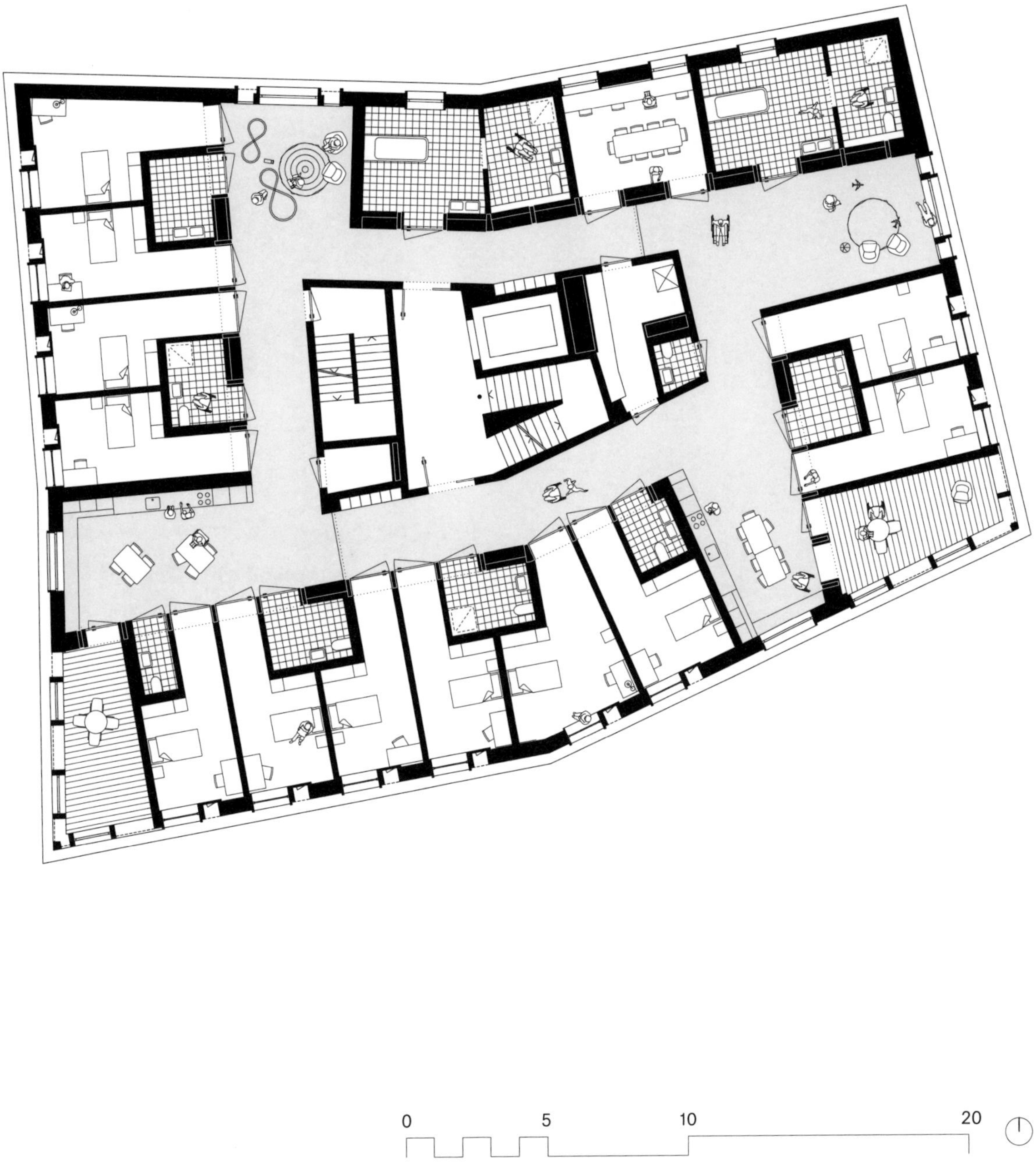

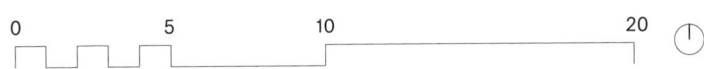

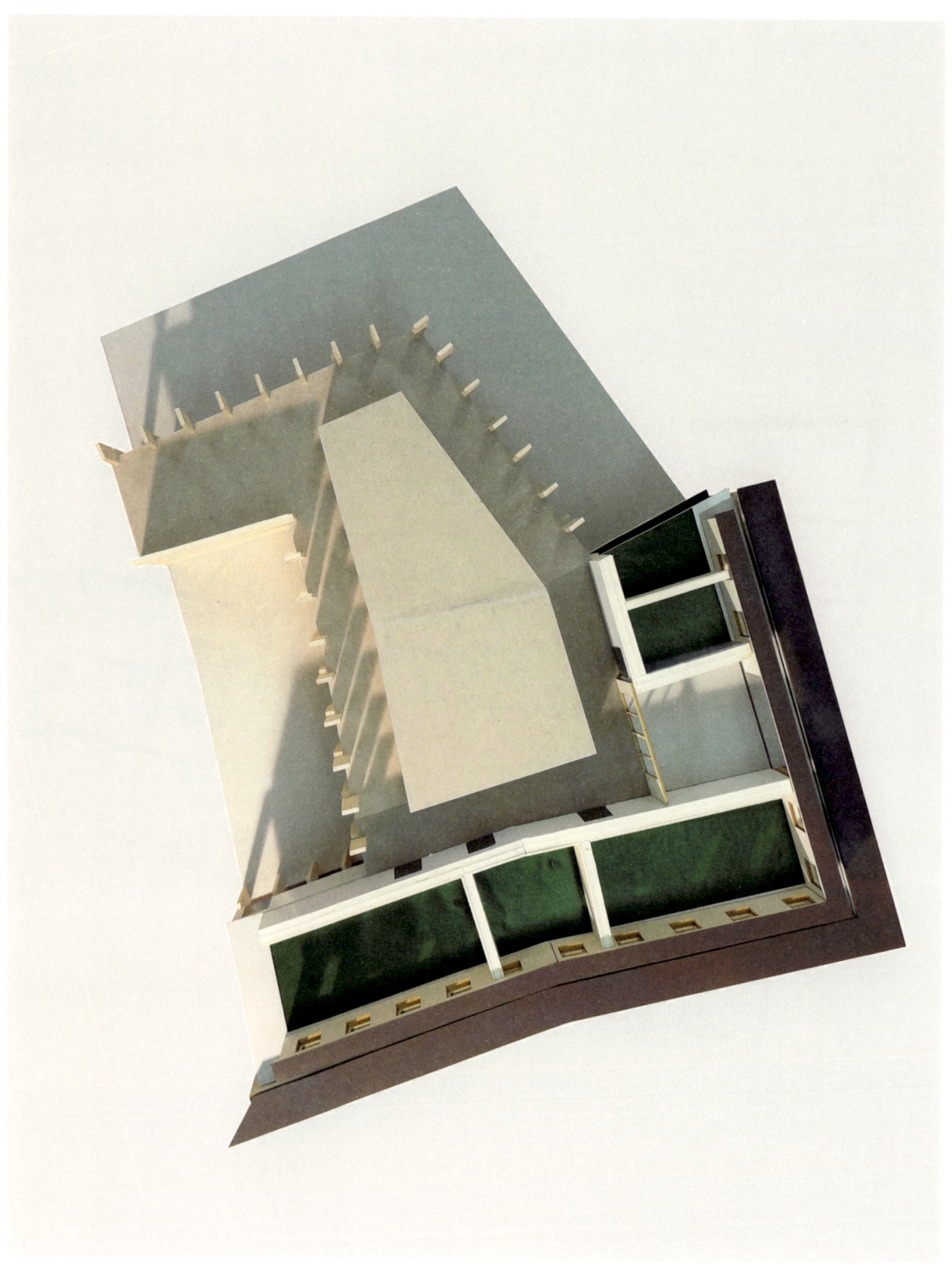

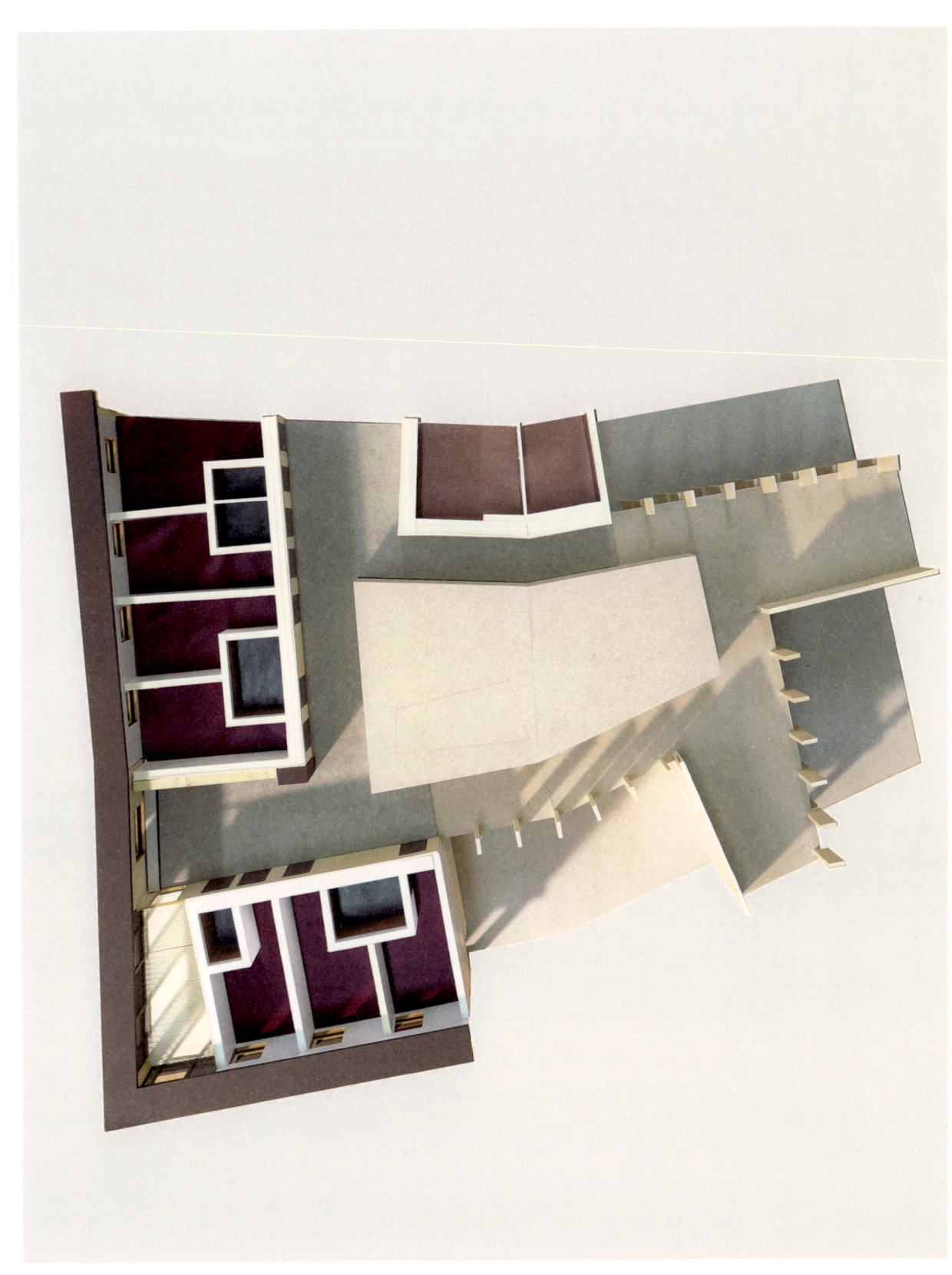

Ansicht Sommerzimmer WG2

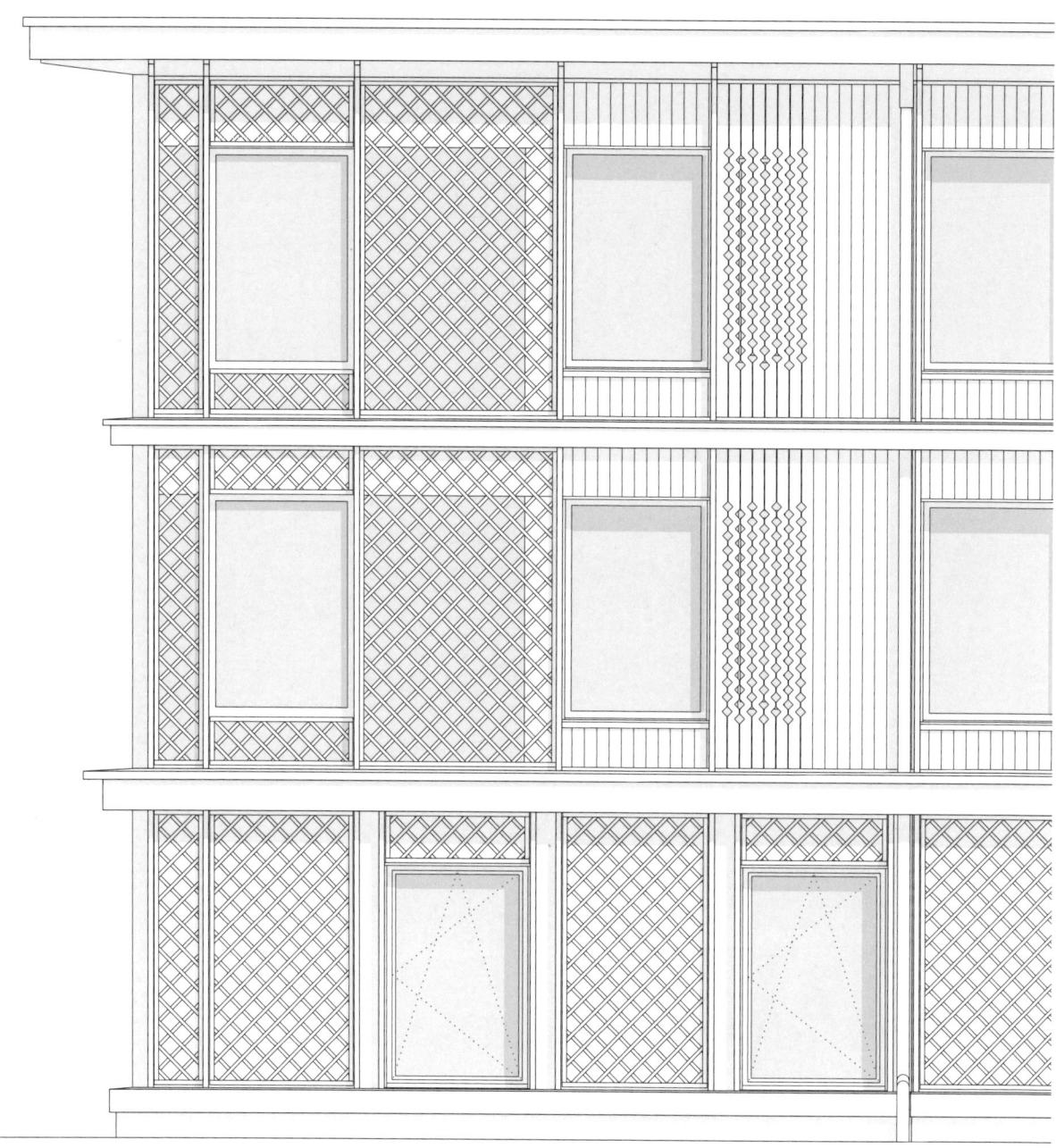

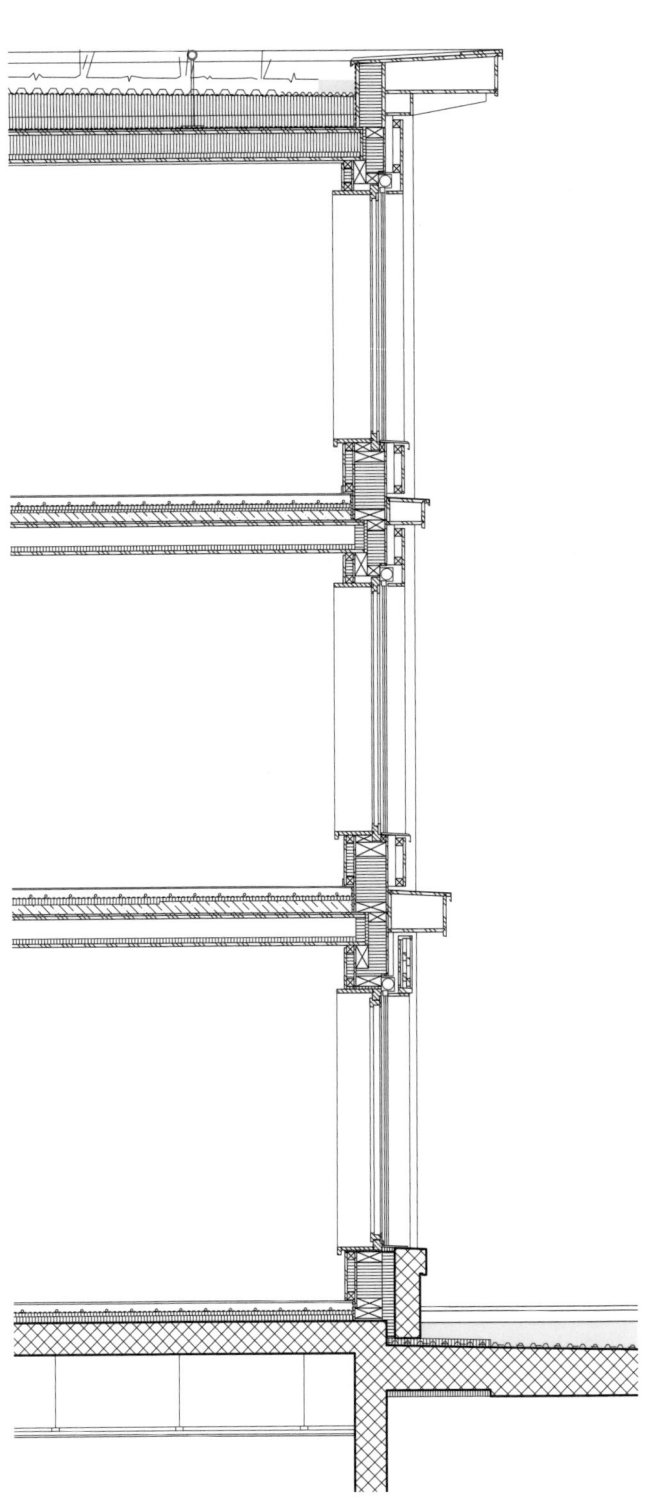

Dachaufbau

100 mm		extensive Dachbegrünung
20 mm		Wasserspeichermatte
5 mm		Abdichtung Oberbahn
5 mm		Abdichtung Unterbahn
140 mm		Wärmedämmung im Gefälle (min.)
95 mm		Dämmung, Lage Elektrorohre
-		Bauzeitabdichtung
5 mm		Dampfbremse
15 mm		OSB-Platte
240 mm		Hohlkastenelement Lignatur silent
625 mm		**Total**

Wandaufbau – mit Spalier

Verkleidung aussen:
- 87 mm Spalierelement
- 16 mm Schalung Fichte/Tanne
- 40/40 mm Lattung Fichte/Tanne, hinterlüftet
- 40/40 mm Konterlattung Fichte/Tanne, hinterlüftet
- Windpapier, z.B. Stamisolfolie

Holzelement tragend:
- 15 mm Fermacellplatte
- 40 mm Mineralwolle zw. UK
- 200 mm Mineralwolle
- 27 mm Kertoplatte
- 45 mm Mineralwolle zw. UK, Installationsebene
- 15 mm Dreischichtplatte Fichte/Tanne
- **525 mm Total**

Wandaufbau – ohne Spalier

- 20 mm Schalung Fichte/Tanne
- 60/60 mm Lattung Fichte/Tanne, hinterlüftet
- 60/60 mm Konterlattung Fichte/Tanne, hinterlüftet
- Windpapier, z.B. Stamisolfolie

Holzelement tragend:
- 15 mm Fermacellplatte
- 240 mm Rahmenholz ausgedämmt
- 15 mm OSB-Platte
- 60 mm Installationlattung ausgedämmt
- 19 mm Dreischichtplatte Fichte/Tanne
- **489 mm Total**

Bodenaufbau OG

- 10 mm Linoleum
- 70 mm Unterlagsboden inkl. Bodenheizung
- - Trennlage
- 50 mm Trittschalldämmung
  (davon 20 mm Kompensation für Schüttung)
- 75 mm Schüttung
- 15 mm OSB-Platte
- 240 mm Hohlkastenelement Lignatur silent
- **460 mm Total**

Bodenaufbau EG

- 10 mm Linoleum
- 70 mm Unterlagsboden inkl. Bodenheizung
- - Trennlage
- 30 mm Trittschalldämmung
- 50 mm Wärmedämmung
- 250 mm Betondecke
- **410 mm Total**

Anhang

Projektinfo

Standort
Alte Dorfstrasse 3d, 8135 Langnau am Albis

Auftragsart
Studienauftrag im selektiven Verfahren
1. Preis, 1. Rang

Projektorganisation
Generalplaner, Fachplaner, Unternehmer

Zeitlicher Ablauf
Wettbewerb
Oktober 2014 – April 2015

Überarbeitung Wettbewerb
März – Juni 2015

Planung
2016

Realisierung Neubau SBG, WG2, Umbau DS1
2017 – 2019

Realisierung Umbau HG, WG1
2019 – 2021

Am Projekt Beteiligte

Auftraggeberin
Tanne, Schweizerische Stiftung für Taubblinde, Langnau am Albis

Baukommission
Peter Debrunner, Dr. oec. publ., Vizepräsident Stiftungsrat Tanne, Präsident Baukommission
Mirko Baur, lic. phil. I, Gesamtleiter Tanne, stv. Präsident Baukommission
Thomas Wälchli, Bereichsleiter Betriebswirtschaft Tanne
(bis Januar 2019)
Irene Volkart-Alder, Stiftungsrätin Tanne
Concita Filippini Steinemann, Dr. phil., Stiftungsrätin Tanne
Sandra Fässler, Ressortleiterin Finanzen & IT Tanne
(ab Februar 2019)

Bauherrenberatung
Immopro AG, vertreten durch Tiziano Menghini
(bis Januar 2018)

Organisation Studienauftrag
Wüest & Partner AG, Zürich

Sachbeurteilung Studienauftrag
Peter Debrunner (Vorsitz), Dr. oec. publ.,
Vizepräsident Stiftungsrat Tanne, Präsident Baukommission
Mirko Baur, lic. phil. I, Gesamtleiter Tanne,
stv. Präsident Baukommission
Irene Volkart-Alder, Mitglied des Stiftungsrats und der Baukommission der Tanne
Thomas Wälchli, Bereichsleiter Betriebswirtschaft Tanne
(bis Januar 2019)

Mit einbezogen:
Concita Filippini Steinemann, Dr. phil., Stiftungsrätin Tanne
Rosmarie Habegger, damals Hochbauamt, Stab, Kanton Zürich
Peter Herzog, damals Gemeindepräsident Langnau am Albis

Fachbeurteilung Studienauftrag
Matthias Ackermann, Prof. dipl. Arch ETH/BSA/SIA
Quintus Miller, Prof. dipl. Arch. ETH/BSA/SIA
Martina Voser, dipl. Arch. ETH, Landschaftsarchitektin BSLA

Generalplaner
ARGE
Scheibler & Villard Architekten MA FH/BSA/SIA, Basel
Steiner Hutmacher Bauleitung, Zürich

Fachplaner Neubau SBG & WG2
Bauingenieur, Conzett Bronzini Partner AG, Chur
Landschaftsarch., Hoffmann & Müller Landschaftsarchitektur, Zürich
Gebäudetechnik, Waldhauser + Hermann AG, Münchenstein
Elektroplanung, Pro Engineering AG, Basel

Sanitärplanung, Gemperle Kussmann GmbH, Basel
Fassadenplanung, PPEngineering GmbH, Basel
Lichtplanung, Mettler+Partner Licht AG, Zürich
Gastroplanung, Axet GmbH, Embrach
Brandschutz, Holliger Consult GmbH, Epsach
Bauphysik, Mühlebach Partner AG, Winterthur

Unternehmer Neubau SBG & WG2
Baumeister, Anliker AG Bauunternehmung, Thalwil
Holzbau, Blumer Lehmann AG, Gossau
Bedachungsarbeiten, Burkhardt Gebäudehülle AG, Maienfeld
Elektroinstallationen, Elektro Rhyner AG, Pfäffikon
Leuchten und Lampen, Zumtobel Licht AG, Zürich
Contracting, Energie 360° AG, Zürich
Wärmeverteilung, Karl Waechter AG, Zürich
Lüftungsanlagen, Clima-Nova AG, Zürich
Sanitärinstallationen, Inag-Nievergelt AG, Zürich
Kücheneinrichtungen, Creatop AG, Uznach
Sprinkleranlagen, Home & Technology AG, Riehen
Aufzüge, AS Aufzüge AG, Wettswil
Gipserarbeiten, Estermann Gipserunternehmen AG, Zofingen
Innentüren aus Holz, Creatop AG, Uznach
Schreinerarbeiten, A. Bründler AG Auw
Sicht-Anhydritböden, Amendola AG, Wollerau
Fugenlose Bodenbeläge, Repoxit AG, Illnau-Effretikon
Bodenbeläge Linoleum, Pfister Professional AG, Dübendorf
Keramische Beläge, Di Muccio GmbH, Dübendorf
Bodenbeläge Holz, Peter von Rotz Bodenwelten GmbH, Glarus
Malerarbeiten, Schaub Maler AG, Zürich

Dank an Mitarbeitende
Bauherrschaft
Tanne, Schweizerische Stiftung für Taubblinde,
Langnau am Albis:
Agnes Flückiger, Fachverantwortliche Hören und Sehen
Andreas Wachter, Schulischer Heilpädagoge
(bis Herbst 2017)
Andy Gerber, Leiter Haustechnik, Sicherheitsbeauftragter
(bis Sommer 2018)
Angela Camenisch, Leiterin Ressort
Hörsehbehinderungspädagogik
Annekatrin Becher, Ergotherapeutin
Annette Marti-Jantz, stv. Gruppenleiterin Eiche
(bis Ende 2019)
Brigitte Kuster, Ressortleiterin Personal & Sekretariat
Brigitte Schwaller-Parodi, Dr. oec. HSG,
dipl. Pädakustikerin AHAKI
David D'Aprile, Leiter Haustechnik (bis Sommer 2019)
Esthi Loosli, Leiterin Tagesstätte (bis Sommer 2015)
Henk Roozeboom, Physiotherapeut & Leiter Ressort
Gesundheit (bis Sommer 2017)
Jacqueline Weiersmüller, Sekretariat
Karin Alabor, Schulische Heilpädagogin, B&U Hören
Katia Witschi, Fachverantwortliche Sehen
(bis Sommer 2015)

Luljeta Sadiku, Gruppenleiterin Esche (bis Herbst 2016)
Madeleine Rurack, Bereichsleiterin Erwachsene
(seit Sommer 2019)
Magdalena Baer, Bereichsleiterin Erwachsene
(bis Sommer 2019)
Maggi Seeholzer, Leiterin Hauswirtschaft,
Sicherheitsbeauftragte
Manuela Leiste, Schulische Heilpädagogin, B&U Sehen
Mariano Camerota, Leiter Haustechnik (seit Sommer 2019)
Marion Dreeke, Gruppenleiterin Arve (bis Herbst 2015)
Michael Auer, Ressortleiter Hotellerie
Nurit Oswald, Schulische Heilpädagogin, B&U Sehen
Regula Stillhart, Bereichsleiterin Kinder & Jugendliche
(bis Sommer 2018)
René Berera, Musikpädagoge
Rolf Vondrasek, Gruppenleiter Birke (bis Frühling 2017)
Silvio Zgraggen, Gruppenleiter Ulme (bis Frühling 2016)
Sonia Fratto, Leiterin Tagesstätte (seit Sommer 2015)
Susanne Reinhard, Bereichsleiterin Kinder & Jugendliche
(seit Sommer 2018)
Tina Furrer, Physiotherapeutin und Leiterin Ressort Gesundheit (seit Sommer 2017)

Architektur
Scheibler & Villard GmbH,
Architekten FH/BSA/SIA, Basel:
Maya Scheibler, Sylvain Villard, Thomas Richter,
Pascale Jermann, Martin Caduff, Roberto Roncoroni,
Jonas Haene, Charlotte Kämpf, Paul Schreijäg,
Simon Raaflaub, Jan Bommelaer, Sindusan Balasingam,
Michael Pöckl, Selin Schneider

Bauleitung
Steiner Hutmacher Bauleitung, Zürich:
Matthias Steiner, Marius Hutmacher, Ladislao Recupido,
Philipp Schaufelberger, Silvio Hartmann

Kennwerte Neubau SBG & WG2

Grundmengen nach
SIA 416 (2003) SN 504 416

	Grundstück		
GSF	Grundstücksfläche	3'337 m²	
GGF	Gebäudegrundfläche	1'397 m²	
UF	Umgebungsfläche	1'940 m²	
BUF	Bearbeitete Umgebungsfläche	1'940 m²	
UUF	Unbearbeitete Umgebungsfläche	0 m²	
	Gebäude		
GV	Gebäudevolumen SIA 416	23'793 m³	
GF	UG	2'840 m²	
	EG	1'397 m²	
	1.OG	1'375 m²	
	2.OG	1'194 m²	
GF	Geschossfläche total	6'806 m²	100.0 %
	Geschossfläche beheizt*	5'390 m²	79.2 %
NGF	Nettogeschossfläche	5'923 m²	87.0 %
KF	Konstruktionsfläche	883 m²	13.0 %
	Nutzfläche total	3'319 m²	48.8 %
	Wohnen	1'197 m²	
	Betrieb	578 m²	
	Schule	1'023 m²	
	Therapie	521 m²	
VF	Verkehrsfläche	705 m²	10.4 %
FF	Funktionsfläche	483 m²	7.1 %
HNF	Hauptnutzfläche	2'789 m²	41.0 %
NNF	Nebennutzfläche	530 m²	7.8 %
AEH	Autoeinstellhalle	1'416 m²	20.8 %
FE	Funktionale Einheiten (z.B. Wohnungen, Klassenzimmer, Büroarbeitsplätze)	40	
PP	Parkplätze	50	
	Ladestationen	6	
	Velo	20	

Erstellungskosten nach
BKP (1997) SN 506 500

BKP			
1	Vorbereitungsarbeiten	120'000.—	0.4 %
2	Gebäude	27'555'000.—	87.8 %
3	Betriebseinrichtungen (kont. Lüftung)	679'000.—	2.2 %
4	Umgebung	1'547'000.—	4.9 %
5	Baunebenkosten	889'000.—	2.8 %
6	Reserve	.—	0.0 %
7	Reserve	603'000.—	1.9 %
8	Reserve	.—	0.0 %
9	Ausstattung	.—	0.0 %
1–9	Erstellungskosten total	31'393'000.—	100.0 %
2	Gebäude	27'555'000.—	100.0 %
20	Baugrube	1'490'000.—	5.4 %
21	Rohbau 1	8'084'000.—	29.3 %
22	Rohbau 2	704'000.—	2.6 %
23	Elektroanlagen	2'934'000.—	10.6 %
24	Heizungs-, Lüftungs- und Klimaanlagen	1'116'000.—	4.1 %
25	Sanitäranlagen	1'873'000.—	6.8 %
26	Transportanlagen	275'000.—	1.0 %
27	Ausbau 1	4'222'000.—	15.3 %
28	Ausbau 2	1'571'000.—	5.7 %
29	Honorare	5'286'000.—	19.2 %

Kostenkennwerte in CHF

1	Gebäudekosten/m³ BKP 2/m³ GV SIA 416	1'158.—
2	Gebäudekosten/m² BKP 2/m² GF SIA 416	4'049.—
3	Gebäudekosten/FE BKP 2/FE	688'875.—
4	Kosten Umgebung BKP 4/m² BUF SIA 416	797.—
5	Zürcher Baukostenindex (4/2010=100)	100.0

Energiekennwerte
SIA 380/1 SN 520 380/1

Energiebezugsfläche	EBF	4'501 m²
Gebäudehüllzahl	A/EBF	1.27
Heizwärmebedarf	Qh	34 kWh/m²a
Anteil erneuerbare Energie		70 %
Wärmerückgewinnungskoeffizient Lüftung		80 %
Wärmebedarf Warmwasser	Qww	17 kWh/m²a
Vorlauftemperatur Heizung, gemessen -8 °C		35 °C
Stromkennzahl gemäss SIA 380/4: total	Q	24 kWh/m²a
Stromkennzahl: Wärme	Q	15 kWh/m²a
Anteil Fotovoltaik		0 %

Autorinnen und Autoren

Mirko Baur
*1971
lic. phil. I, Gesamtleiter Tanne
Vizepräsident Deafblind International

Maya Scheibler
*1983
Architektin MA FH / BSA / SIA

Sylvain Villard
*1980
Architekt MA FH / BSA / SIA

Andreas Fröhlich
*1946
Univ.-Prof. Dr. paed.
Spezialgebiet: Pädagogik bei schwerster Behinderung,
Integration von Pflege und Pädagogik

Dorothee Huber
*1952
Kunsthistorikerin, lic. phil. I
Spezialgebiet: Klassizismus und neues Bauen, jüngere
Architekturgeschichte

Katrin Sutter
*1974
Journalistin BR, Filmemacherin, Verlegerin

Herzlichen Dank an alle Sponsoren für
die grosszügige Unterstützung, damit diese
Publikation realisiert werden konnte.

Blumer Lehmann
Holzbau | Engineering

Blumer-Lehmann AG
Erlenhof, 9200 Gossau

Anliker AG Bauunternehmung
Hardturmstrasse 161, 8005 Zürich

Conzett Bronzini Partner AG

Conzett Bronzini Partner AG, dipl. Ingenieure ETH/FH/SIA
Bahnhofstrasse 3, 7000 Chur

Holliger Consult GmbH
Dorfstrasse 4, 3272 Espach

STEINER HUTMACHER BAULEITUNG

Steiner Hutmacher Bauleitung AG
Stampfenbachstrasse 38, 8006 Zürich

ID¡C¹ | ArchiCAD

IDC AG
Kägiwilerstrasse 29, 6060 Sarnen

Pro Engineering AG
Innere Margarethenstrasse 2, 4051 Basel

Waldhauser + Hermann AG, Ingenieurbüro USIC | SIA
Florenzstrasse 1D, 4142 Münchenstein

Mettler+Partner Licht AG
Am Wasser 55, 8049 Zürich

Lignatur AG
Herisauerstrasse 30, 9104 Waldstatt

Immopro AG
Alderstrasse 40, 8034 Zürich

Clima-Nova AG
Friedaustrasse 17, 8003 Zürich

Widmer AG Holzbau
Bodenacherweg 1, 8314 Kyburg

Burkhardt Gebäudehülle AG
Untere Industrie 3, 7304 Maienfeld

Amendola AG
Roosstrasse 51, 8832 Wollerau

axet gmbh
Tannenstrasse 97, 8424 Embrach

Impressum

Herausgeber/Konzept:
Tanne, Schweizerische Stiftung für Taubblinde, Langnau am Albis
Scheibler & Villard Architekten, Basel

Texte/Lektorat:
Katrin Sutter, Redaktionsbüro.ch, Zürich

Korrektorat:
Red Pen Sprachdienstleistungen

Layout, Covergestaltung und Satz:
Claire Morin und Matthias Indermaur, WEISSWERT, Basel

Fotografie:
Tanne, Schweizerische Stiftung für Taubblinde, Langnau am Albis
Rasmus Norlander, Zürich
Scheibler & Villard Architekten, Basel

Druck:
Gremper AG, Basel

Papier, Papyrus Schweiz:
Überzug: 250 g/m² Graukarton Offset
Vorsatz: 100 g/m² Gmund Color Matt GC 04 bordeaux
Inhalt: 120 g/m² Munken Lynx Rough naturweiss

Library of Congress Control Number: 2020951325

Bibliografische Information der Deutschen Nationalbibliothek
Die Deutsche Nationalbibliothek verzeichnet diese Publikation in der Deutschen Nationalbibliografie; detaillierte bibliografische Daten sind im Internet über http://dnb.dnb.de abrufbar.

Dieses Werk ist urheberrechtlich geschützt. Die dadurch begründeten Rechte, insbesondere die der Übersetzung, des Nachdrucks, des Vortrags, der Entnahme von Abbildungen und Tabellen, der Funksendung, der Mikroverfilmung oder der Vervielfältigung auf anderen Wegen und der Speicherung in Datenverarbeitungsanlagen, bleiben, auch bei nur auszugsweiser Verwertung, vorbehalten. Eine Vervielfältigung dieses Werkes oder von Teilen dieses Werkes ist auch im Einzelfall nur in den Grenzen der gesetzlichen Bestimmungen des Urheberrechtsgesetzes in der jeweils geltenden Fassung zulässig. Sie ist grundsätzlich vergütungspflichtig. Zuwiderhandlungen unterliegen den Strafbestimmungen des Urheberrechts.

ISBN 978-3-03562-373-4

© 2021 Birkhäuser Verlag GmbH, Basel
Postfach 44, 4009 Basel, Schweiz
Ein Unternehmen der Walter de Gruyter GmbH, Berlin/Boston

9 8 7 6 5 4 3 2 1

www.birkhauser.com